Un homme heureux, en 2008 : Gérard Miquel ; à sa droite, Serge Laybros, communiste. Sur scène, le fidèle JMV. Il m'a vu !

Cahors, municipales 2014 : un enjeu départemental majeur

Du même auteur*

Certaines œuvres sont connues sous différents titres.

Romans

La Faute à Souchon : (Le roman du show-biz et de la sagesse)
Quand les familles sans toit sont entrées dans les maisons fermées
Liberté j'ignorais tant de Toi (Libertés d'avant l'an 2000)
Viré, viré, viré, même viré du Rmi !
Ils ne sont pas intervenus (Peut-être un roman autobiographique)

Théâtre

Neuf femmes et la star
Les secrets de maître Pierre, notaire de campagne
Ça magouille aux assurances
Chanteur, écrivain : même cirque
Deux sœurs et un contrôle fiscal
Amour, sud et chansons
Pourquoi est-il venu :
Aventures d'écrivains régionaux
Avant les élections présidentielles
Scènes de campagne, scènes du Quercy
Blaise Pascal serait webmaster
Trois femmes et un Amour
J'avais 25 ans
 « Révélations » sur « les apparitions d'Astaffort » Brel Cabrel

Théâtre pour troupes d'enfants

La fille aux 200 doudous
Les filles en profitent
Révélations sur la disparition du père Noël
Le lion l'autruche et le renard,
Mertilou prépare l'été
Nous n'irons plus au restaurant

* extrait du catalogue, voir page 292

Stéphane Ternoise

Cahors, municipales 2014 : un enjeu départemental majeur

'

Sortie : 1er mars 2014

Jean-Luc Petit éditeur - Collection Lot

Stéphane Ternoise
versant
Cahors :

http://www.**cahors**.pro

Tout simplement
et logiquement !... et d'autres

Site officiel : http://www.ecrivain.pro

Les élections municipales se déroulent, sauf exceptions, tous les six ans. Les conseillers municipaux seront élus les 23 et 30 mars 2014. Le mode de scrutin varie selon le nombre d'habitants de la commune... mais celles de plus de 999 sont "passées de l'autre côté"...

« *Jean-Marc* [Vayssouze] *est un fidèle qui connaît bien le Lot* »
Gérard Miquel, 2004.

Sortir le Lot du gouffre PRG-S.
[PRG-S : contraction PRG-PS, Parti Radical de Gauche, Parti Socialiste.
Gouffre PRG-S : référence à notre lotois gouffre de Padirac.
95% des lectrices et lecteurs auraient compris... mais il convient de penser aux quelques passionnés de politiques françaises qui vont peut-être l'acquérir d'Australie, Mexique, Canada... oui, mes livres se vendent mieux à l'étranger que dans les bibliothèques lotoises...]

En 2011, dans le canton de Cahors-sud, Evelyne Liarsou, sans réelle base électorale, a failli détrôner Gérard Miquel, président du Conseil Général. L'écart de 9 bulletins fut ramené à 7, l'élection annulée par le tribunal administratif de Toulouse en octobre 2011, validée par le conseil d'Etat en juillet 2012.

En 2014, Roland Hureaux, dont la base électorale reste faible, éprouvera de grandes difficultés à éjecter le fidèle de Gérard Miquel, mentor finalement candidat dans le modeste mais symbolique village de Saint-Cirq-Lapopie avec des visées sur le Grand-Cahors.

Cet essai va plus loin que la confrontation municipale, concerne l'ensemble des lotoises et lotois pris dans la tenaille Malvy-Miquel...

Après une minutieuse présentation des 42 monuments Historiques de Cahors, cet intérêt pour les élections municipales me semble une suite logique... sur http://www.cahors.pro

Dans quelques années tout ceci devrait être oublié, les vainqueurs réécriront l'histoire cadurcienne... et les péripéties seront oubliées... même 2008 semble déjà tellement loin... Dominique Orliac soutient Jean-Marc Vayssouze-Faure et Gérard Miquel... L'écrivain doit être un témoin... s'il est inféodé à des groupes politiques (et donc financiers) ses écrits s'en ressentiront... seule une plume indépendante peut saisir l'époque... mais les installés ont compris qu'elle doit rester invisible... Il suffit donc de médias complaisants, tenus, soumis, amis...

Il va où, ce département du Lot ?
Une grande chute dans le précipice de l'Histoire ?
Observez Saint-Cirq-Lapopie perché sur la falaise et imaginez un grand plongeon dans le Lot, la rivière. Une zone touristique où des notables se partagent le gâteau, des retraités s'inquiètent de l'état des services médicaux, les actifs ne peuvent plus vivre ? Naturellement, il faudra toujours des emplois précaires pour servir les installés...
Quant aux écrivains, des aides sont agitées devant leurs pifs, à condition de montrer patte blanche, dont une soumission à un système où ils ne peuvent pas vivre de leur travail... subventions... s'ils répondent aux critères d'attribution... Devant l'auteur en profession libérale, toutes les portes se ferment... Dans d'autres activités également il convient d'abord de plaire...

Pourtant, une colère monte dans les campagnes...
Quand Cahors, Figeac et le département avancent main dans la main, les petites communes rurales trinquent...
Détenir le conseil général, le grand Cahors et le grand Figeac semble suffisant pour tenir l'ensemble. 340 communes à genoux devant Malvy/Miquel et caporaux. Elle est belle, la démocratie départementale !

À quoi bon un livre dont "personne" n'entendra parler !?

J'aurais pu l'écrire autrement, même le résumer

ainsi mais la légitimité de Jacques Briat, ancien député du Tarn-et-Garonne, battu en 2007 par Sylvia Pinel, me sembla préférable en introduction : « *Si l'information n'est pas dans La Dépêche, elle n'existe pas, ce sont les avantages d'un monopole.* » Quand le "quatrième pouvoir" sert les installés, peut-on encore parler de démocratie ?

Je sais. Pourtant, j'écris. On n'écrit pas forcément pour s'enrichir... ni en espérant y changer quelque chose... Dans certaines situations, il convient de témoigner. Nous en sommes là... « *La seule raison que nous ayons d'écrire, c'est pour dire des choses. Qu'importent les conséquences* » résumait Marcel Aymé à Henri Jeanson, ami le mettant en garde sur le danger d'articles contraires à l'idéologie dominante, en 1940 (à la même époque, des élus lotois votaient les pleins pouvoirs au maréchal Pétain).

Le département du Lot n'est qu'une petite baronnie, même à l'échelle régionale.
Les "retards", indéniables, restent toujours et encore mis sur le dos du passé... car naturellement les hommes en place sont ouverts, tolérants, tournés vers le futur... De gauche ! Ils sont vraiment de gauche ? Ou alors "la gauche de gouvernement", c'est ça ? Nous devons nous y résoudre ?

Il s'agit également d'analyser un basculement historique : les partis ont confisqué la vie politique en France par des réformes du mode de scrutin...
En dehors des partis, vous n'existez pas !

Dans les communes rurales, de nombreux maires abandonnent... laissent à d'autres le soin de s'épuiser pour présenter des dossiers à l'intercommunalité et à l'hôtel départemental... Les créateurs d'entreprises sont priés de s'installer dans les zones "spécialement adaptées."

Le lot doit plaire aux touristes, les divertir, les amuser, mettre en valeur ses joyaux, du patrimoine officiel, un patrimoine de classe, forcément... avec néanmoins quelques gariottes et lavoirs symboliques pour la touche "authentique", le terroir (bénéfique au tiroir caisse).

Il n'y a sûrement pas de place dans ce département pour un écrivain vraiment indépendant. Même conclusion chez de nombreux "jeunes", dans des domaines très variés... Partir ?
Raison de plus pour balancer... quand tout est perdu, il reste l'honneur, l'œuvre, l'Histoire... Dans leur *"contact lotois"* comme dans leur *dépêche*, aucune trace du vilain osant même critiquer le gentil monsieur Amigues ! Ah si, dans leur *Dépêche*, *"la fille aux 200 doudous"*, ma pièce pour enfants, fut citée... auteur : « anonyme. »

Mais à part ça, tout va très bien messieurs les marquis !... Sûrement devenons-nous encore franchir des étapes avant le précipice...
Nous reculerons jusqu'au bord de la falaise ?
De cette époque à la dérive, la production de masse finira comme celle de Didyme...
Naturellement, les groupes au pouvoir ne se contentent pas de bloquer toute parole indépendante, ils réécrivent également l'histoire...

C'était ainsi. C'est ainsi. Il serait étonnant que les générations futures bénéficient d'élus plus soucieux de l'intérêt général...

Avec dans les rôles principaux : Gérard Miquel, Martin Malvy, Jean-Michel Baylet, Jean-Marc Vayssouze-Faure, Roland Hureaux, Guy Debuisson, Frédéric Dhuême, Ellen Dausse, Dominique Orliac, Gérard Amigues.

Tellement d'écrivains souhaitent plaire, au moins ne pas déplaire... Qui d'autres pourrait publier un tel livre ? En 2013, Jack-Alain Léger s'est suicidé. Il a eu tort. Je vous conseille la lecture de son "*on en est là.*" Finalement, très complémentaire de cet essai. Tant qu'il y a un mot à ajouter, un écrivain ne se suicide pas.

Stéphane Ternoise
http://www.lotois.fr

Présentation courte

Le Lot... La droite y est asphyxiée par la chape PRG-S (un seul quotidien : *dépêche du midi* de la famille Baylet PRG, associée au PS) mais la gauche, "les gens de gauche", où peuvent-ils s'exprimer ?

Quant aux vrais "écologistes", citoyens simplement respectueux de la nature, du patrimoine, des différences, de la vie... ils doivent se réfugier dans la marginalité ?

Mes livres n'entrent pas dans les bibliothèques lotoises, vous ne me voyez dans aucune manifestation organisée soutenue sponsorisée chroniquée par les installés... Six romans, vingt pièces de théâtre, des textes pour la chanson, des livres d'art, des essais...

Les municipales de Cahors concernent l'ensemble des citoyens du département... Enquête sur une démocratie de plus en plus confisquée (avec l'excuse de la féminisation), une strate de l'oligarchie.

2008, au grand débat de Cahors, Jean-Marc Vayssouze-Faure.

Dédicace...

Aux lotoises et lotois... tout simplement !... Celles et ceux réceptifs à l'information non vue dans leur *dépêche*...

Celles et ceux qui pourraient acheter ce livre... je doute de pouvoir les informer de sa parution...

« Ce qu'on aurait dû me dire au berceau : « môme, tu es de la race des larbins, tiens-toi modeste et très rampant, surtout ne va jamais t'occuper de ce qui se passe à la table des maîtres ! » je me serais bien planqué en 14, j'aurais pas ouvert mon clapet... que pour des oui ! oui ! oui !... (...) « confiance, vacances, oubli... » (...) ma poisse décisive c'est que tous les « forts » sont contre moi... sûr j'ai quelques « faibles » qui sont « pour » mais j'aime mieux qu'ils se taisent, ils peuvent que me créer d'autres ennuis...»
Nord, Céline.
Louis-Ferdinand Céline, 1894 - 1961, l'écrivain majeur du vingtième siècle, cinquante ans après sa disparition la force de ses textes reste intacte, malgré une intelligentsia prétendue bien-pensante toujours prompte à le déconseiller, l'accuser des pires maux, sûrement sans l'avoir lu...

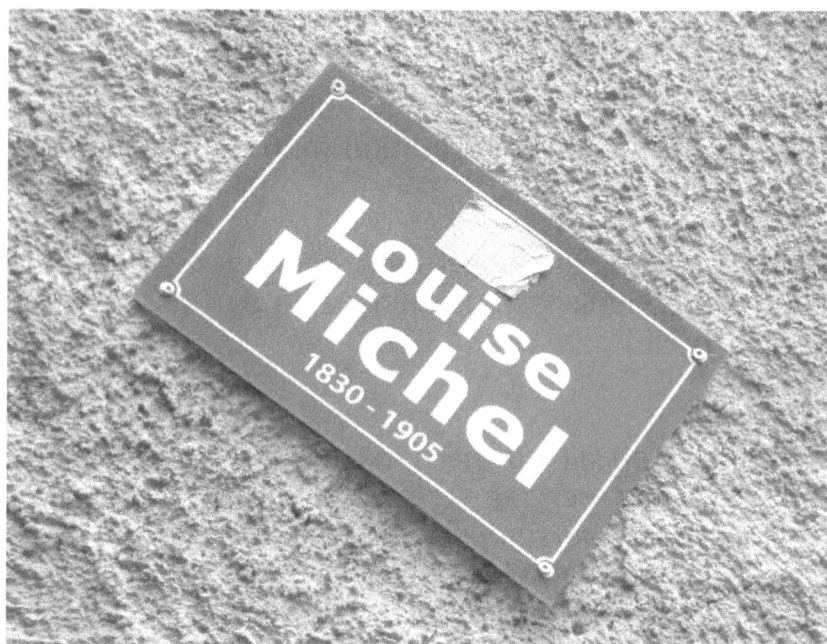

Une grande réalisation du maire : la rue Louise Michel.

Un essai... une approche inédite...

Un tel livre ne devrait pas pouvoir exister ! Ma qualité de profession libérale auteur-éditeur ne semble pas plaire dans notre région, qui plus est, je suis allé chercher un identifiant fiscal aux États-Unis afin de contourner les librairies contrôlées par les "grands distributeurs" et permettre, qu'en plus de la version numérique distribuée "presque partout", ce bouquin soit disponible en papier sur les Amazon de la planète et l'ensemble des librairies qui ont compris leur intérêt de travailler avec le géant américain... bien plus fréquentable, selon moi, que Lagardère (12% du capital au Qatar) ou Gallimard (environ 10% du capital chez Bernard Arnault, première fortune de France).

Un essai est toujours subjectif : nulle intention de prétendre avoir réalisé un document d'une totale objectivité. Je vis dans le Lot depuis 1996, ne suis pas électeur à Cahors...
J'aurais pu d'abord rencontrer des candidats... Mais j'ai préféré travailler "en lotois de base", avec les données accessibles aux citoyens, la communication et les informations.
Naturellement, et c'est également mon boulot, l'exigence de relativiser ces données m'est connue...
Je bénéficie également d'échanges (postaux) avec certains élus depuis quelques années...

Ensuite j'ai contacté, par mail, les têtes de listes et les personnalités de cette campagne ou dont l'avis me semblait intéressant.
Ces questions ont pu être considérées irrévérencieuses par des élus, s'ils sont habitués à

arriver avec leurs réponses et l'interviewer sert les relances appropriées.

Je n'ai pas reçu de réponses à l'ensemble des questions ! Ainsi, pour certain(e)s les questions sont plus importantes que les réponses.

Les propos obtenus, très bien développés, peuvent présenter un décalage avec mes analyses. Il est alors essentiel de se demander pourquoi ! Les autres auraient également pu en profiter pour "rectifier" leur "image"...

Ce livre peut constituer une aide aux indécis mais me semble encore plus intéressant dans le cadre d'une observation de la démocratie lotoise.

Un tel suivi d'élections municipales, c'est normalement impossible... il faut se contenter de la presse, dont les pages et le temps ne permettent pas forcément une telle analyse. Dont le capital est parfois entre les mains d'élus...

Je peux, grâce à mon indépendance réelle, si souvent un handicap, vous proposer ce livre avant le premier tour, alors qu'il comprend des échanges jusqu'au 27 février 2014...

Qui pour battre "le fidèle" ?

Attentif depuis de nombreuses années à la scène politique lotoise, j'ai attendu... le Godot cadurcien... Qui pour déloger le monsieur fidèle de la mairie ?
Rien, ni par l'observation ni par le retour suite à mes publications. Que Jean-Marc Vayssouze-Faure et ses proches ignorent mes écrits ne m'a jamais surpris... ils ont le pouvoir !... Qu'ils soient d'art ou de constats... mais rien chez les "opposants." Pas le temps de lire ? Pas l'envie ? Qui c'est ce Ternoise ?...

Cahors, 42 inscriptions aux Monuments Historiques / Maire de Cahors, député du Lot, conseiller général, le notaire oublié, bientôt liquidé de l'Histoire / Henri Martin du musée Henri-Martin de Cahors / La trahison des morts : les concessions à perpétuité discrètement récupérées / Cahors : Adéle et Marie Borie contre Jean-Marc Vayssouze-Faure.

Peut-être, tout simplement, de la culture, de la littérature, du patrimoine, tout le monde s'en fout...

Bref, je ne semble pas être le seul à n'avoir rien vu venir... Certains ont cherché le bon opposant à soutenir... Et Guy Debuisson est arrivé. Si cette candidature s'était imposée, peut-être Ellen Dausse et Roland Hureaux l'auraient soutenue ?... mais les deux sont partis sans l'attendre... dès juillet 2013...

Pour les deux, cette présence relève peut-être plus d'une nécessité personnelle que d'une logique de partis même s'ils ont recherché une investiture officielle : pour l'homme aux innombrables déconfitures électorales, à presque 66 ans, il semble que ce soit la dernière possibilité de briguer la mairie, quant à sa jeune aînée, 36 ans, ses deux premières expériences guère concluantes, aux cantonales et législatives, nécessitaient sûrement un coup de projecteur en vue d'autres échéances...

Guy Debuisson, fin septembre 2013, dans leur *dépêche* : « *En premier lieu, je suis candidat de la Société civile, donc sans étiquette politique comme je l'ai déclaré ; je bénéficie ainsi du soutien de nombreux Radicaux de gauche cadurciens en plus du Centre, de l'UDI et de l'UMP.*
D'autre part, j'envisage de déposer plainte en diffamation contre Madame Dausse, qui, afin de tenter d'exister, n'hésite pas à piétiner la vérité, ce qui est inadmissible quand on entend représenter des électeurs. Chaque Cadurcien sait d'ailleurs pourquoi et comment elle a sollicité l'investiture du National UDI.» Elle a piétiné quelle vérité ? Pourquoi et comment a-t-elle sollicité l'investiture du National UDI ? L'éminent, forcément éminent journaliste, ne le précisait pas.

Sans étiquette, ancien du PRG, il demanda l'investiture de l'UMP ! Avec le soutien d'une partie de UDI. Grand écart...
Le 3 octobre 2013, selon les informateurs, Guy Debuisson se serait prétendu « *très serein. L'UMP et l'UDI du Lot me soutiennent. Ils se sont engagés de manière officielle à soutenir ma candidature. Et chacun sait que M. Hureaux et Mme Dausse n'ont aucune chance d'emporter cette élection.*»

Ça chauffait. Peut-être tout simplement car Guy Debuisson, avocat toulousain, ancien membre du PRG (selon leur *dépêche* jusqu'en 2004) ne peut pas être l'homme de la situation... ne semble pas avoir plus de chance que les deux autres...

Donc il y eut une guéguerre à droite, du plus mauvais effet, pour le leadership : Ellen Dausse, Roland Hureaux et Guy Debuisson.

Ainsi, aucune candidature ne s'est imposée et Jean-Marc Vayssouze-Faure apparaît presque en position idéale... si le Parti Socialiste était parvenu au niveau national à masquer son véritable visage il repassait en douceur... puisque le « scandale lotois » reste accepté...

La seule question à poser à son sujet concernerait le Grand-Cahors où l'on attend sa position : "le fidèle et son maître" ou "le fidèle se rebiffe" ?
Un jour, en politique, on "tue le père". Chirac / Sarkozy constitue l'exemple le plus réussi. Mais naturellement, pour oser, il faut s'en sentir la force. Les plus nombreux attendent la mort du père pour s'imposer... Le cas Baylet / Pinel mériterait également une analyse...

Gérard Miquel présidera le grand Cahors après les municipales ?...

Quatre à sept listes...

Eh non, malheureusement, ils ne rejoueront pas la guéguerre tellement drôle de 2008 : Dominique Orliac, auréolée de son écharpe de députée regagnée lors d'une élection législative en douceur, rendra la politesse à ses chers amis, et nul doute, elle apportera sa voix lors d'une grande messe consensuelle.

Le maire sortant, **Jean-Marc Vayssouze-Faure**, conduira ainsi une liste de "vaste rassemblement", avec en plus du PRG, Europe Écologie-Les Verts, qui n'a certes pas attendu 2014 pour perdre sa crédibilité lotoise...

Roland Hureaux, le candidat investi par l'UMP, espère naturellement ramasser la mise du mécontentement national. La Corrèze et l'un de nos voisins... Mais c'est plus sur un dégoût de ce qu'est devenue la politique dans notre région (depuis une centaine d'année ? depuis Jacques Duèze sacré pape Jean XXII ?) qu'il semble pouvoir placer ses minces espoirs.

Oui, la victoire de Roland Hureaux représenterait un incroyable séisme... en débutant ce texte, je n'y crois guère... Mais étudiant en 1986, jamais je n'aurais imaginé la France se donnant à Jacques Chirac... Certes il ne remerciera jamais suffisamment Jacques Delors... Si je retourne à 1995, je vais vous perdre... D'ailleurs Roland Hureaux fut exclu du RPR en 1995... il fut même, selon son site de campagne « *déclaré indésirable à l'UMP en 2001 et 2004 ; il fréquente un temps le RPF de Charles Pasqua, le Pôle républicain de Jean-*

Pierre Chevènement puis Debout la République. Il réintègre l'UMP en 2012 ». Bref, il suffit parfois d'être là au bon moment, quand l'histoire passe les plats... qu'elle repasse rarement... Il est investi. Peut-être une "vieille histoire" d'amitié à la Cour des comptes... Il espère... Comme François Bayrou peut encore espérer pour 2017, où il faudra bien quelqu'un pour "sauver la République"... sauver ce qui peut l'être... Être là au bon moment... Pour ne plus le subir, élisez-moi !... Ce qui constituait la seule partie crédible du programme de François Hollande en 2012... j'exagère, je sais, il prévoyait également de soutenir le groupe Lagardère pour lui permettre d'élargir sa mainmise sur les écrivains...

Pas certain qu'il mobilise avec des formules du genre « *la municipalité est inculte, et Cahors est dirigé par des nuls, tenant d'une politique à la petite semaine.* » Qui sont les incultes ? Ceux qui n'ont pas lu le livre de Martin Malvy ? Incultes les gens qui ne m'ont pas lu ? Où commence la culture ? Avec Nabilla Benattia ?... Ne plaisantons pas, il s'agit d'une collègue auteur de Martin Malvy, publiée par le même groupe d'édition... Le succès avant tout... Plus besoin de s'en référer à Philippe de Villiers, alors ministre délégué de François Léotard, ministre de la Culture et de la Communication, déclarant « *J'ai offert un livre à Léotard, mais il n'a pas fini de le colorier.* »

Après l'abandon de la candidate UDI, Ellen Dausse, finalement partie... sur la liste du maire sortant... d'Agen, l'ensemble des "forces de droite" se retrouveront peut-être, finalement, derrière (ou discrètement contre) lui.

Car il reste la question **Guy Debuisson**... l'avocat toulousain soutenu par "la secrétaire départementale de l'UMP" et le "président de l'UDI départementale". Le candidat "attendu" semble se faire attendre... il passe parfois... sa permanence existe et son slogan « *Mon parti, c'est Cahors* » est... mal parti... Peut-être pour "faire date" et en cas de score supérieur à 20% envisager une candidature cantonale en 2015 ?... Ou alors il pensait que "ça serait facile" et ne voit pas comment sortir sur la pointe des pieds ?

Deux candidatures à l'extrême dite de gauche et deux femmes têtes de listes qui divergent sur la position à adopter face à l'oligarchie départementale :

- **Yannick Le Quentrec**, conseillère municipale sortante, pour "*Cahors à gauche*", avec des membres du Parti communiste, du mouvement associatif et syndical et « *des déçu-es du parti socialiste.* » Lu : « *D'abord faire émerger au plan local une politique alternative de progrès et de justice sociale. Pour cela il faut investir pleinement ces élections en présentant une liste autonome au premier tour.*
Autre enjeu : même si ces élections n'ont pas un caractère national, elles ne peuvent être complètement dissociées de la grande déception des français-es et de l'électorat de gauche, dont les socialistes, vis-à-vis des promesses de changement non tenues du président Hollande et des orientations libérales du gouvernement (...)
Enfin, ces élections ont un autre enjeu dont on ne parle pas assez : faire face aux dérives de l'acte III

de la décentralisation qui va affaiblir l'échelon municipal, qui va nous enfoncer dans une intercommunalité de gestion et éloigner davantage les citoyen(ne)s des lieux de décision, mettant ainsi gravement en cause la démocratie. »

Pourtant, au deuxième tour, tous derrière le maire sortant ! Car il faut naturellement faire barrage à la droite... Pour faire "barrage à la droite" (et obtenir quelques sièges) que de chapeaux avalés... partition classique de cette extrême-gauche lotoise... figuration...

Avant de passer à l'autre face, un commentaire sur le récurrent « *des promesses de changement non tenues du président Hollande et des orientations libérales du gouvernement.* » Ce fourre-tout du "orientations libérales du gouvernement" pour ne pas oser dénoncer une situation résumée par Emmanuel Todd « *La vérité de cette période n'est pas que l'État est impuissant, mais qu'il est au service de l'oligarchie* » (http://www.oligarchie.fr). Ce n'est pas l'endroit pour développer mais cette mainmise d'une oligarchie sur des pays officiellement démocratiques permet de lire autrement que dans nos bons manuels les apocalypses du vingtième siècle...

- **Isabelle Eymes**, avec « *À Cahors, l'humain d'abord* » rassemble des membres du Mouvement citoyen du Front de gauche, du Parti de gauche, du PCF, du Nouveau Parti Anticapitaliste, des adhérents de la FASE (Fédération pour une alternative sociale et écologique) et des citoyens issus de la société civile. « *Faire en sorte que la ville soit plus solidaire, citoyenne et soucieuse d'écologie (...) Nous voulons* mener un projet éco-socialiste, avec 3 axes principaux : la planification économique, la politique urbaine et la démocratie participative. » Doit-on frémir à l'idée d'une « planification économique » d'extrême-gauche ? Quant à la « démocratie participative » on sait qu'elle n'est qu'une participation des organisés, une autre oligarchie... C'est difficile, la démocratie !... Quand Arlette chante...

Quant au **Front National**, des informations de leur dépêche prétendent qu'il aurait abandonné l'idée d'une liste, faute de 35 candidats crédibles... Cahors, officiellement, reste un "bastion de gauche sans FN"... il est vrai qu'il existe un PC bien implanté... Mais Marine LE PEN, au premier tour de l'élection présidentielle 2012, avait obtenu 1 443 voix, soit 13% des exprimés. Avec 11 273 votants sur 13 839 inscrits. Jean-Luc MÉLENCHON ne la dépassait que de 148 bulletins.

L'élément le plus significatif me semble être la comparaison avec 2007 où Jean-Marie LE PEN recueillait 845 suffrages, 7,13 % des 11 852 exprimés.

Le "parachutage" d'une figure du FN dans le Quercy semble improbable pour ces élections (ça se prépare avant le 1er janvier !) mais nos élus auraient tort de continuer à prétendre que le Lot se situe en dehors de la "vague marine." Les résultats des élections présidentielles témoignent d'ailleurs d'un "étonnant" niveau similaire à l'échelle du département, 13,48% en 2012 contre 7,22% en 2007.

Je rappelle qu'au niveau national nous avions 2007 : 10,44% - 2012 : 17,90%... l'écart, stable, entre la

moyenne nationale et notre département ne permet pas d'épiloguer sur une terre hostile à ces extrêmes... Juste un léger décalage... (2002 : Cahors : 11,38% - Lot : 10,47% - France : 16,86%)
Que fera cette quinzaine de pour cent sans papier... à mettre dans l'urne ? Seront-ils les meilleurs alliés de la gauche délabrée comme si souvent au niveau national ?

Si les citoyens opposés au système PRG-S ne prennent pas rapidement conscience de l'urgence d'une union républicaine, le FN représentera rapidement, ici également, la principale force d'opposition, d'alternance. Que les adeptes des réactions de l'autruche regardent le Tarn-et-Garonne où, après avoir écarté, en 2007, Jacques Briat avec une grande mise en orbite par la Dépêche du Midi, Sylvia Pinel (introduite dans les campagnes du coin par Jean-Michel Baylet dont elle était chef de cabinet au conseil général) a conservé son mandat de députée en 2012 face à une candidate du FN (59,86% des exprimés, soit 34,09 % des inscrits).
Plus le FN montera, plus le PRG-S sera le meilleur rempart... Il serait temps que les électeurs de gauche hurlent "stop" aux élus dont l'attitude semble trahir ce genre de pensées... De Michel Noir, nous n'avons retenu qu'une analyse : « *plutôt perdre les élections que son âme.* » Des électeurs de gauche préfèrent que les candidats étiquetés de gauche perdent les élections plutôt que de donner de la gauche le pitoyable spectacle auquel trop de citoyens semblent habitués, certes avec fatalisme et dégoût...

Souvenez, ou méditez : sa *dépêche* lui avait naturellement donné la parole, en couvrant un « *rassemblement républicain hier soir à Castelsarrasin.* »

Article en ligne publié le 15 juin 2012 sous le titre « *Castelsarrasin. "Nous sommes des combattants de la liberté"* » : « *Il faut combattre et condamner ceux qui défendent ces idées malsaines qui font les nationalismes, et leur dire haut et fort qu'on n'en veut ni en Tarn-et-Garonne, ni ailleurs. Car l'Histoire nous donne des obligations, notamment celle de chérir la liberté, la fraternité, la laïcité, et de battre dès dimanche leurs opposants.* » *Et Jean-Michel Baylet de citer François Mitterrand qui achevait ses discours en clamant :* « *Liberté, liberté chérie, combats avec tes défenseurs* ».

La Liberté selon Jean-Michel Baylet ! Mais pas la liberté de créer ? J'ai exagéré avec mon "Désolé Baylet" ? Il ne peut plus en être autrement ? Mais avant, leur torchon... comme appelé dans ce mémorable texte... avait eu l'occasion de narrer mes aventures... Non, je ne suis pas du genre à quémander quand on m'a fermé une porte, que l'on soit Malvy, Miquel ou son fidèle, Maury ou Baylet...

Alain BAUTE, le journaliste de ce merveilleux article terminait en beauté par « *Dans son propos, Sylvia Pinel a donné le cap.* « *Notre devoir à tous est de s'opposer à cet extrémisme que certains veulent nous imposer, et des dérives qu'on lui connaît. Dimanche, l'enjeu est de doter notre France pour qu'elle redevienne digne, respectueuse des valeurs qui rassemblent tous les républicains, soucieux de l'avenir qu'elle dessine à sa jeunesse.* »

Les notes d'une Marseillaise fédératrice ont

longtemps résonné, générant des frissons. Ceux des grands soirs de campagnes électorales...»

Oh le beau rôle du Front Républicain contre le Front National... Jack-Alain Léger, ils ne lui ont pas pardonné son *"on en est là"*... Demandez au candidat cultivé, il vous résumera, sûrement... Ou à Gérard Amigues, culture culture...

Le même journaliste, toujours dans le Tarn-et-Garonne, après les cantonales 2008 se réjouissait *« force est de constater que dans tous les cantons les candidats qui se signalent en votant le budget du conseil général ou en ne s'y opposant pas ont tous été réélus, sauf un. À Grisolles, le sortant Jean-Marc Parienté (Parti Socialiste), battu [par] Patrick Marty (Parti Socialiste), a fait les frais d'une primaire fratricide pour... 14 voix ! »* tout en notant *« à Moissac, le radical Guy-Michel Empociello retrouve son siège très largement (plus de 62 %), la candidate du Front national parvenant à signer un inquiétant 38 %... »*

Nous étions à l'étape 60-40 lors d'un duel PRG-FN au second tour... Il restera droit dans ses bottes bayletisées, l'Alain, quand la victoire ne tiendra qu'à quelques voix ? Je ne suis qu'un chroniqueur de cette histoire, je raconte ce que j'ai connu... ne me demandez pas de solutions... Je sais, il faudrait se taire... fermer son clapet, les laisser faire... Tellement d'enjeux en jeu... Ne plus financer ce grand quotidien ? Mais la démocratie vacillerait !... N'hésitez pas, si votre connexion Internet est meilleure qu'une Alsatis "haut-débit" de campagne à consulter les sondages sur la confiance des citoyens dans les journalistes... Mais la question est toujours posée de manière inappropriée "les journalistes", comme si être journaliste à la *dépêche* ou *médiapart* relevait des mêmes convictions... À force de vivre ensemble, des amitiés, des intérêts, des facilités s'installent...

Je vous égare en vous baladant dans le Tarn-et-Garonne ? Que ne manqueraient pas de réagir nos intellectuels si au Chili un parti prétendu de gauche jouait à faire monter l'extrême-droite et au moment des élections réclamait des citoyens "un vote républicain." Il s'agit naturellement d'un clin d'œil à ce cher Pierre Desproges, ayant déjà remarqué des artistes engagés qui osaient critiquer Pinochet à moins de 10 000 kms de Santiago...

Et contrairement à certains, je n'oublie pas **Frédéric Dhuême** dont la « liste autonome des citoyens oubliés » semble avoir des difficultés à dénicher un mandataire financier. Une obligation. Bien qu'il ne semble pas en avoir, il ne cherche pas spécialement d'argent pour sa campagne... juste un "mandataire financier", décidé à s'exprimer avec des bouts de ficelles... mais la politique rime plutôt avec investitures officielles des partis nationaux... La parole aux locaux ? À condition qu'ils soient encartés, on en est presque là, et désormais dès les bourgades de 1000 habitants où s'imposent, grande modification électorale, la loi des listes sexuellement scrupuleusement panachées et inviolables... Une réforme dans le sens de la confiscation de la démocratie par les partis... La tentative de Frédéric Dhuême, passé par la case SDF, n'en a que plus d'intérêts... À suivre...

Quatre : Jean-Marc Vayssouze-Faure, Roland Hureaux, Yannick Le Quentrec, Isabelle Eymes.
Probable : Guy Debuisson.
Possible : Front National.
Iconoclaste : Frédéric Dhuême.

Un second tour Jean-Marc Vayssouze-Faure, Roland Hureaux, Isabelle Eymes... voilà qui pimenterait l'affaire...

Les troupes d'Isabelle Eymes sauront démontrer l'inutilité du vote pour l'autre « extrême-gauche », celle de Yannick Le Quentrec où l'on devrait retrouver Serge Laybros, inamovible passerelle avec les Malvy-Miquel ?

Mais non, il ne s'agit pas d'un candidat. Mais d'une statue de Cahors, du Bienheureux, depuis devenu Saint Jean-Gabriel Perboyre...

L'ère des baronnies...

Légalement, par les urnes, des baronnies "républicaines" ont quadrillé le pays.

Est-il bon que des maires se sentent complètement démunis, entre les mains du président de l'intercommunalité et du président du Conseil Général ?...
D'ailleurs nombreux jettent l'éponge en 2014 dans nos campagnes...

François Mitterrand, dans sa jeunesse, fustigea "Le Coup d'État permanent"...

Nos nouveaux barons, en toute "logique" (prononcer "cynisme" ?) se réclament même du premier Président socialiste de la cinquième République.

Le Lot, historique terre du clientélisme (héritage du pape Jean XXII né en 1244 à Cahors ?... on retient ce qui "nous" arrange !) se prête facilement à ce genre de dérive.

Il suffit de contrôler le département et les deux immenses (à notre échelle) communautés de communes pour tenir le reste.
Avec l'arme des subventions...

Deux hommes : Gérard Miquel et Martin Malvy. Et leurs fidèles, inféodés.

Dont "le grand fidèle", Jean-Marc Vayssouze-Faure, actuel maire de Cahors et président du Grand-Cahors.

La France est un pays officiellement démocratique, avec des élections libres.

De fait, une oligarchie, avec des élections de plus en plus contrôlées par les partis (discrètes réformes électorales présentées sous le versant de la féminisation des assemblées...).

Naturellement, "tout le monde" peut adhérer aux partis... ils ont même besoin de colleurs d'affiches !

Naturellement, "tout le monde" peut créer un nouveau parti...

Mais quand le bulletin de vote devient le seul moyen d'hurler "ça suffit", les extrêmes progressent...

L'absence d'une liste Front National à Cahors permettrait de masquer cette montée... mais les européennes suivent...

Le Lot et moi

Bientôt deux décennies dans ce Quercy ! Vous n'aviez pas remarqué ?
C'est peut-être qu'il vous faut changer de quotidien... mais il n'y en a qu'un ! Vous pouvez donc vivre sans ces nouvelles du matin !

Une cinquantaine de livres en papier, une centaine en numérique... oui, dans ces pages, il sera également question de ma vie... ce combat peut vous éclairer sur la réelle personnalité des installés... ou vous montrer que vous n'êtes pas seul(e) !
Six romans, vingt pièces de théâtre, des essais, des documents photographiques, livres d'art... Rien... Vous n'avez rien vu. Trois CDs également, ès auteur-producteur, avec une vingtaine d'interprètes. Rien. Vous n'avez rien entendu !

La mainmise d'un clan sur cette région m'a surpris. C'était avant l'an 2000 ! Je n'avais aucune raison de me méfier. J'avais entretenu des relations cordiales avec des élus de gauche dans le Pas-de-Calais...

Si tu ne montres pas de signes d'allégeance, tu es écarté. Aucune indépendance possible. Naturellement, certains se prétendent, sont présentés écrivains tout en acceptant la tunique du pantin... "Indignez-vous" chantent en chœur les cadurciennes et les cadurciens en traversant le pont rebaptisé Stéphane Hessel... Indignez-vous mais sur des sujets autorisés ! PRG-PS-Dépêche-Malvy-Miquel, y'a péril à fouiner, ne pas recopier les bonnes paroles...

Cahors... une "ville ancrée à gauche" ?

Un rapide coup d'œil sur la liste des maires le prétendrait. Avec 2008 tournant majeur où le PS prend le dessus sur ses "partenaires" PRG-PC.
Mais ces hommes sont-ils de gauche ?
Question iconoclaste, inacceptable peut-être même pour des installés.

2008 - 2014 Jean-Marc Vayssouze-Faure PS
2003 - 2008 Marc Lecuru UMP
2001 - 2003 Michel Roumégoux UDF puis UMP
1989 - 2001 Bernard Charles PRG
1965 - 1989 Maurice Faure PRG
1965 Pierre Ségala PRG
1959 - 1965 Lucien Bénac PRG
1955 - 1959 Zacharie Lafage PCF
1945 - 1955 Jean Calvet PRG
1944 - 1945 Teysseyre du PCF, dont le prénom semble perdu... il existe une école Joseph Teysseyre à Cahors...
1942 - 1944 Xavier Gisbert
1919 - 1942 Anatole de Monzie PRG

Anatole de Monzie par exemple, député du Lot, il vota, comme son collègue Louis Malvy, les pleins pouvoirs au Maréchal Pétain le 10 juillet 1940. Il "dut" quitter la mairie en 1942.
Maurice Faure, 92 ans, reste encensé par certains, crucifié par d'autres au nom du clientélisme, « *ce que l'on a nommé le faurisme, établi sur les faiblesses géographiques et démographiques du Lot, constitué par un clientélisme qui faisait dire que 'tous ont mangé dans la main du César républicain.'* » (Dire Lot).
Se dire "de gauche" reste la meilleure solution pour

faire carrière dans ce département... Mais ne pas l'être vraiment ?

Vaste sujet... François Hollande est-il de gauche ? J'avais publié début 2012 *Ce François Hollande qui peut encore gagner le 6 mai 2012 ne le mérite pas...*

"La droite" ne peut effectivement se prévaloir que de la victoire de Michel Roumégoux sur Bernard Charles en 2001... mais dans le contexte lotois de ces dernières décennies, cette alternance mériterait une analyse plus approfondie...

Si Jean-Marc Vayssouze-Faure peut rêver d'un règne d'une étendue fauriste (2008-2042), et ainsi accepter un rôle "effacé" (le terme subalterne m'aurait été reproché) durant ses deux premiers mandats, les citoyens fatigués des pratiques lotoises ont eu tort de ne pas se regrouper... Naturellement, immédiatement, la question s'impose : se regrouper derrière quel leader ? Il faut un leader ! Un maire avec suffisamment d'autorité intellectuelle pour ne pas sombrer en petit chef, et compétent...

Les oligarchies de fait, dans les pays démocratiques, parviennent à limiter les oppositions aux rôles d'agitations... seules des "circonstances exceptionnelles" les privent du pouvoir... Le contexte national de 2014 offrait aux lotois une chance... Roland Hureaux peut-il être l'homme de la situation ? Par défaut ! Aucun engouement... La seule liste de gauche non inféodée peut-elle atteindre le second tour et permettre une triangulaire ?... Oh, ils seraient accusés de « faire perdre la gauche » mais une telle gauche Miquellomalvynienne doit-elle rester en place pour les statistiques nationales ?

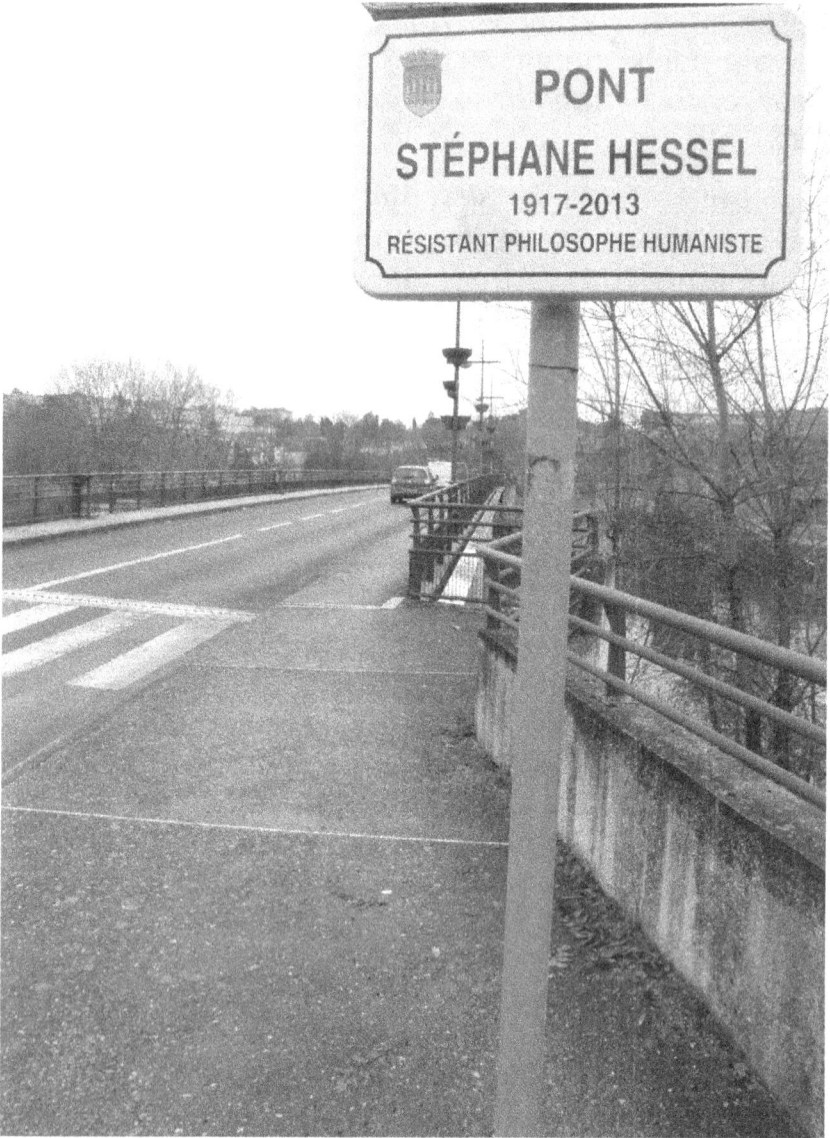

PONT
STÉPHANE HESSEL
1917-2013
RÉSISTANT PHILOSOPHE HUMANISTE

Le bilan de Jean-Marc Vayssouze-Faure...

Son bilan prête à sourire, surtout quand il l'énonce à la manière d'un directeur de cabinet « *les emplois ont été multipliés par 3 à Cahors Sud. Et les chiffres de fréquentation touristique sont en hausse de 35 % en 6 ans.* » Pourquoi cette restriction à Cahors Sud ? Il oublie de signaler le nombre de rues et ponts dont les noms sonnent mieux aux oreilles des militants. Pont Stéphane Hessel, sûrement considéré comme un grand écrivain dont l'indignez-vous a porté la vague rose à l'Elysée en 2012... Rue Louise Michel... et des gens de gauche osent le critiquer ! Chantez sur la place Claude Nougaro...

« *Le vrai maire de Cahors, c'est le sénateur Miquel qui est socialiste. Vayssouze n'est que le lieutenant, sous les ordres du colonel Miquel.* »

« *- Comment qualifierez-vous la gestion de Vayssouze-Faure ?*
- Médiocre et sans perspectives. Les principaux problèmes n'ont pas trouvé leur solution : les vieux quartiers sont toujours dans l'état lamentable que l'on sait, le commerce du centre-ville languit, les impôts demeurent très lourds : si les taux ne se sont pas alourdis au cours des dernières années, encore heureux, les sommes réclamées sur la feuille d'impôts, elles, ont augmenté, pour différents motifs : la part du conseil général (et régional) - on ne saurait séparer la commune du département, Miquel, président du conseil général, Miquel tuteur de fait de la Ville - ; autres motifs d'augmentation : les redevances diverses (eau, assainissement), l'évolution des bases qui continuent à monter alors

que l'immobilier stagne et que les revenus baissent. Et surtout, on s'en apercevra vite, la fuite en avant vers le Grand Cahors qui permet de supporter une partie des charges par les nouveaux venus. Mais c'est un subterfuge provisoire ; demain, ce sont les Cadurciens qui devront payer. »

Deux avis signés Roland Hureaux... Pas forcément, la fuite en avant peut fonctionner, plus le nombre de citoyens ponctionnés augmente, plus la dépense par habitant cadurcien devrait diminuer, si les nouveaux venus payent et se taisent (causent sans audience)...

J'avais, très peu, suivi leurs "*États Généraux de la Culture*"... le discours du maire, le samedi 13 décembre 2008. Je n'y avais naturellement pas été convié. Logique : du département mais non de Cahors, raison pour laquelle, peut-être, vous ne me voyez dans aucune des manifestations initiées sponsorisées soutenues par le Conseil Général et ou leur *dépêche*. Qui plus est, des organisateurs en profitent, comme à Rocamadour, où non seulement le fric coule à flots mais les écrivains doivent payer pour leur salon du livre... qu'ils n'organisent pas quand les touristes affluent mais en septembre !... Mettre en valeur les écrivains de la région !... Foutage de gueule... Ces détours sur ma propre expérience peuvent vous exaspérer... surtout si vous attendez que je soutienne x ou y !... Ils permettent d'illustrer la démonstration avec un domaine où l'expertise ne peut m'être niée même si monsieur Malvy n'hésite pas à me dénier la qualité d'écrivain... il doit préférer les gens de plumes... expertise, pour employer un terme apprécié...

« *Venons en désormais à la philosophie et aux objectifs de ces deux journées. C'est un véritable engagement de notre équipe que nous allons, que vous allez faire vivre. Au-delà, c'est un exercice de participation, un espace de dialogue, d'échanges, de discussions qui vous est réservé.*

Nous espérons vous entendre vous exprimer sur vos attentes, vos besoins, vos souhaits en matière culturelle. De par vos interventions, vous pourrez nous aider à mieux cerner encore la réponse culturelle qu'il convient d'apporter à notre territoire.

Elles nous permettront de mesurer si les politiques menées et les moyens déployés correspondent et répondent aux attentes de tous.

Elles nous feront appréhender les améliorations nécessaires à apporter et par la même les contours et la nature de l'intervention publique à privilégier. »

Ainsi, le salon du livre, qui m'était apparu installé par l'ancienne municipalité au service des libraires, s'est arrêté à la quatrième édition. Et il me semble qu'à la bibliothèque municipale aucun de mes livres ne soit disponible...

La Culture sert à manipuler les foules, en contrôlant l'offre... La prétendue démocratie participative de la bonne gauche ségolénisée... pour enrober l'oligarchie de fait...

Des échanges, des réunions, entre gens prétendus représentants d'un secteur, entre gens qui pensent à peu près la même chose et finiront peut-être par se disputer pour une virgule (enfin, un poste)...

Qui présidera le Grand Cahors ?

La Communauté de communes du Grand Cahors. **39 communes, 43 400 habitants, selon son site.** Cette entité est née le 1er janvier 2010, lors de la fusion de la "Communauté de communes du Pays de Cahors" et de la "Communauté de communes de Catus." Ainsi le nouvel ensemble passait à 30 communes (environ 38550 habitants).

Depuis le 1er janvier 2012, il faut parler de "communauté d'agglomération du Grand Cahors."

Au 1er janvier 2014, sept communes se sont ajoutées : Cours, Bouziès, Saint-Géry, Cabrerets, Tour de Faure, Vers et... Saint-Cirq Lapopie...

16 maires de cet ensemble semblent avoir jeté l'éponge : Arcambal, Bouziès, Cabrerets, Cours, Crayssac, Fontanes, Lamagdelaine, Le Montat, Maxou, Mercuès, Saint-Denis-Catus, Saint-Pierre-Lafeuille, Trespoux-Rassiels et... Saint-Cirq Lapopie...

Actuellement, le Grand Cahors est présidé par le maire de Cahors... également surnommé "le fidèle."

Jean-Marc Vayssouze-Faure installé à côté des bureaux de la fédération socialiste, au 68 Boulevard Léon Gambetta... où se situait une enseigne spécialiste du traitement de la calvitie (un confrère des Cahuzac)

Gérard Miquel

Une carrière exceptionnelle !... On peut toujours extraire quelques mots pour déformer une pensée « *Gérard Miquel : Une carrière exceptionnelle !... Stéphane Ternoise* » sur un beau papier, et le vieil auteur dans un fauteuil roulant, victime d'un AVC, décoré... Quand on détient (confisque) le pouvoir, on peut presque tout se permettre (parfois certes, après des décennies, une femme de ménage dans un hôtel, et les ambitions présidentielles s'effondrent... comme à cause de vilains journalistes le ministre chargé de lutter contre la fraude fiscale ne peut plus parader avec ses amis lotois...)

Gérard Miquel Sénateur, président du Conseil Général... comment cet homme guère brillant en apparence a pu s'imposer ? Ce n'est pas le sujet ! Né le 17 juin 1946, 67 ans, il semble s'accrocher au pouvoir... Avec quelle légitimité ?... Faible...

Une carrière dont les générations futures se souviendront peut-être de part son nom dans mes livres. Nous avons les élus que nous méritons... Baylet, Cahuzac, Malvy, Miquel, Maury, Guérini, Flosse... À leur naissance, l'eau des ruisseaux était buvable... Y'avait même des écrevisses... Oui, je sais, cher Charles Baudelaire « On a toujours un peu honte de citer un nom qui dans cinquante ans ne dira plus rien à personne. » Mais c'est la nature même de cet exercice...
Miquel... Qui se souvient de son prédécesseur ? En 2004, Jean Milhau quittait cette présidence... obtenue dix ans plus tôt ès « *fidèle ami de Maurice Faure* »... qui « *tirait sa révérence... après un long bail de 37 ans* » (lu dans un "rétro Lot" gratuit de la

Dépêche du Midi, janvier 2005, page "*le Lot il y a 10 ans*" où figurent les noms des 31 conseils généraux dont « Martin Malvy (PS) et Gérard Amigues (DVD) »... retenez ce DVD, de 1994 donc... et cherchez sur Internet... aucune trace...) En février 2004, on pouvait lire : « *Daniel Maury, patron des radicaux et candidat à la succession* »... puis dans la rétro de *la semaine du Lot*, « *compte tenu des résultats du premier tour, Daniel Maury, président du PRG* [départemental] *jette l'éponge pour la présidence du Conseil général au profil de Gérard Miquel. La victoire ne pouvait plus échapper à ses cousins socialistes qui pourraient obtenir jusqu'à 19 sièges.* »

Un basculement vers le PS, comme observé ensuite à Cahors...

Et d'un bond, dans *DireLot* (oui, archives nécessaires, car tout cela est "trop vieux" pour se retrouver sur Internet... d'où la facile "manipulation des foules" avec wikipédia en encyclopédie de référence...) pour observer « *les cent jours de Gérard Miquel* » : « *Très vite, Jean-Marc Vayssouze* [il ne possédait pas encore le "Faure", observation très intéressante... pourquoi cet ajout ?... sûrement justifié... censé évoquer une filiation ?], *32 ans, est nommé directeur de Cabinet. Né à Cahors, il a passé sa jeunesse dans le Figeacois. Il fut également assistant parlementaire de Martin Malvy et de Jean Launay. Pour Gérard Miquel, cette nomination coulait de source : « Jean-Marc est un fidèle qui connaît bien le Lot. Il est aussi secrétaire de la section du Parti Socialiste à Cahors.* » Un peu d'analyse de texte « *un fidèle qui connaît bien le Lot.* » Le Lot, c'est quoi, pour ce jeune homme qui de la vie active ne semble avoir connu que le sûrement ingrat travail parlementaire ?... Il connaît bien Martin Malvy et Jean Launay donc saura arrondir les angles au profit de son nouveau patron ?... (en 2004, des médias présentaient Jean-Marc Vayssouze, nommé directeur de Cabinet de Gérard Miquel ; en 2008, Jean-Marc Vayssouze-Faure entrait à la mairie de Cahors, un successeur de Maurice Faure... mais personne n'a demandé pourquoi Jean-Marc Vayssouze 2004 est devenu Jean-Marc Vayssouze-Faure 2008)

Le tribunal administratif de Limoges a annulé, le 23 juin 2011, l'élection de Bernadette Chirac comme Conseillère générale du canton de Corrèze (Corrèze). 342 signatures pour 343 bulletins dans la commune d'Eyrein. Madame pièces jaunes l'avait alors emporté au premier tour avec la majorité absolue, tout juste, à la voix près. Elle n'avait pas fait appel de cette annulation et le 25 septembre de nouvelles élections furent organisées. Un détour par la Corrèze... Mais je ne m'attarde pas, repasse la frontière rapidement... Vous allez rapidement comprendre les motivations de cette brève parenthèse...
Il semble exister une déontologie : on ne fait pas appel d'une annulation, on retourne devant les électrices et les électeurs. Toute suspicion est mauvaise pour la démocratie... (tellement d'autres coups de canifs dans la moralité...)

Le tribunal administratif de Toulouse a annulé, le 12 octobre 2011, l'élection, le 27 mars 2011, de Gérard Miquel, dans le canton de Cahors-sud. Motif : « *les documents électoraux soumis ne permettant pas de lever l'incertitude pesant sur le bien-fondé de la qualification en « bulletins nuls » donnée à 9 bulletins à l'issue du dépouillement, le résultat du scrutin ne pouvait pas être déterminé avec exactitude. En conséquence et compte tenu du faible écart de voix séparant le candidat proclamé élu de son concurrent immédiat, Mme Evelyne Liarsou, écart de 9 voix, ramené à 7 en raison de 2 suffrages irrégulièrement exprimés, le tribunal prononce l'annulation totale des opérations électorales. »*

Gérard Miquel, entre temps, avait été réélu Président du Conseil Général et Sénateur... il a fait appel !... On peut justifier cette procédure avec tous les sophismes de la terre, le manque de respect pour l'électorat réapparaît...

Leur *dépêche* notait : « *Rappelons que, à la surprise générale, le président du conseil général avait été réélu avec neuf voix d'avance face à Evelyne Liarsou, représentante d'Europe Ecologie les Verts (EELV).* »

Un "seulement" manque peut-être... Je doute que ce journaliste bayletisé ait prétendu que la surprise provenait de cette réélection... J'avais naturellement, sur mes sites, appelé à voter Evelyne Liarsou.

Monsieur Miquel alla jusqu'à s'attribuer un certificat d'écologiste avant le second tour, dans ce quotidien : « *Moi je m'occupe d'environnement depuis 20 ans, avec le Syded.* »

Quant aux ruisseaux, monsieur Miquel... leur pollution vous a permis de pousser au regroupement... ce dont la Saur doit vous être reconnaissante...

Un deuxième tour face à une "totale inconnue"...

L'état de la démocratie se lit également dans les résultats des élections cantonales 2011 de CAHORS-SUD. Premier tour :

Inscrits   7 817
Abstentions   4 298
Votants   3 519
Blancs / nuls   216
Exprimés   3 303.

M. Gérard MIQUEL (SOC) 1 258 voix : 38,09 % des exprimés soit 16,09 % des inscrits.

Mme Evelyne LIARSOU (VEC) 532 voix : 16,11 % des exprimés soit 6,80 % des inscrits.

Mme Yannick LE QUENTREC (COM) 486 voix : 14,71 % des exprimés soit 6,21 % des inscrits.

M. Roland HUREAUX (DVD) 421 voix : 12,75 % des exprimés soit 5,38 % des inscrits.

M. Michel GRINFEDER (UMP) 403 voix : 12,20 % des exprimés soit 5,15 % des inscrits.

M. Lucien BLANC (AUT) 203 voix : 6,15 % des exprimés soit 2,59 % des inscrits.

Intéressante, dans le cadre de l'observation des municipales, cette présence de Yannick LE QUENTREC, Roland HUREAUX, Michel GRINFEDER.

Deuxième tour

7 817   Inscrits
4 136   Abstentions
3 681   Votants
 344 Blancs ou nuls
3 337   Exprimés.
Seulement 34 exprimés de plus qu'au premier tour.

M. Gérard MIQUEL (SOC) 1 673 voix : 50,13 % des exprimés soit 21,40 % des inscrits.

Mme Evelyne LIARSOU (VEC) 1 664 voix : 49,87 % des exprimés soit 21,28 % des inscrits.

Il suffisait d'un rien... « *écart de 9 voix, ramené à 7 en raison de 2 suffrages irrégulièrement exprimés.* » Même pas 10 voix sur 4480 non exprimées dont 344 blancs ou nuls. Sûrement le fatalisme, l'impression d'une impossible victoire de cette candidate "surprise" face au président du Conseil Général... Ou la crainte des conséquences... Ses amis se vengeront par la suppression de subventions au canton ? Il se passe quoi dans la tête des électrices et électeurs dans cette situation ? Aucune enquête... donc juste quelques hypothèses d'écrivain....

Le Canton de Cahors-Sud, ce n'est qu'une partie de Cahors, avec Arcambal 677 inscrits, Labastide-Marnhac 902 inscrits, Le Montat 785 inscrits, Trespoux-Rassiels 593 inscrits.

	Arcambal	Labastide-Marnhac	Le Montat	Trespoux-Rassiels
LIARSOU	177	174	171	125
MIQUEL	158	196	167	162

Et donc 4 860 inscrits de Cahors.
Où Evelyne LIARSOU recueillit 1 017 voix et Gérard MIQUEL 990.

Sur cette partie de Cahors, Gérard MIQUEL était donc battu !

Quel dommage que les écologistes municipaux soient ralliés au PRG-S.

Au premier tour, dans cette partie de Cahors :

Gérard MIQUEL (SOC) 693 voix 35,38 % exprimés
Evelyne LIARSOU (VEC) 330 voix 16,85 % exprimés
Yannick LE QUENTREC (COM) 321 voix 16,39 % exprimés
Michel GRINFEDER (UMP) 258 voix 13,17 % exprimés
Roland HUREAUX (DVD) 244 voix 12,46 % exprimés
Lucien BLANC (AUT) 113 voix 5,77 % exprimés

Une réélection sans assise populaire. Avec seulement 1 673 voix sur les 7 817 inscrits de Cahors Sud, aucune raison de sauter au plafond. 21,40% des inscrits de ce canton.
La Dépêche du Midi fut un média neutre lors du duel Gérard Miquel - Evelyne Liarsou ? Mais nous savons que la *Dépêche* soutient le candidat qu'elle veut, c'est un journal libre !

Cet appel lui permettait, "dans le pire des cas", de rester en fonction jusqu'à l'organisation d'une nouvelle élection... qui ne pouvait s'organier qu'après le délai de six mois puis la présidentielle, les législatives... en place jusqu'à l'automne 2012.

Jean-Marc Ayrault ne profitait pas de l'occasion pour asséner « *Je trouve ça assez minable de faire appel. Tout ça pour garder ses avantages, ne pas retourner devant les électrices et les électeurs.* »
Non, c'est le 12 décembre 2012 que Jean-Marc Ayrault sortit son gros tambour, sur France 2 : « *Je trouve ça assez minable de se mettre juste de*

l'autre côté de la frontière. Tout ça pour ne pas payer d'impôts. »
Accusé Depardieu, levez-vous. Sénateur Miquel, vous avez la parole.

Quant à Michèle Cotta, faute de Jean-Marc Vayssouze-Faure en direct, elle n'a pas pu lui demander « *comment avez-vous trouvé le président du Conseil Général ?* » Tout en laissant son micro ouvert pour un retentissant « *moche et minable !* »

Il ne faut pas tout mélanger, personne au PS n'a utilisé, officiellement, le mot minable pour l'attitude de monsieur Miquel.

Mardi 14 janvier 2014, en direct sur France 2, alors qu'à l'écran s'imposait Jean-Marc Ayrault, un « *moche et minable !* » fusa, d'une grande voix du journalisme, Michèle Cotta.
Il s'agissait pour elle de répondre avant le Premier Ministre à sa question « *comment avez-vous trouvé le président de la République ?* » L'effet boomerang du "minable"... et si ce terme qualifiait notre époque ?

Je n'ai pas traité de minable Monsieur Miquel, j'ai dit que ça avait un côté minable effectivement cet appel...

Je précise, car parfois les gens oublient... ils sont tellement bombardés d'informations importantes sur la marque du scooter du Président ou le talent des actrices subventionnées : le 17 décembre 2002, le premier ministre essaya d'éteindre une polémique : « *Je n'ai pas traité de minable Monsieur Depardieu, j'ai dit que ça avait un côté minable effectivement »* d'établir sa résidence en Belgique pour payer moins d'impôts. « *J'ai dit aussi que Gérard Depardieu était un grand artiste, aimé par les français à ce titre. Dans cette même intervention, j'ai parlé de solidarité citoyenne et de patriotisme, payer ses impôts lorsque des efforts doivent être faits c'est l'affaire de tous les français. »*

J'ai dit aussi que Gérard Miquel était un grand... rien, rien ne me vient naturellement... stratège ?... c'est exagéré... il suffit d'observer ses collègues pour constater qu'il n'a pas vaincu de brillants challengers... y'a un clan et dans ce clan, une lutte, entre PRG et PS... il faut emmener la bonne équipe... Leur vie, ne l'enviez surtout pas !... J'ai raconté dans « la disparition d'un canton : Montcuq », les dernières années de Daniel Maury... Ils ont le pouvoir, le fric, ce qu'ils croient être des honneurs...

En octobre 2011, après la décision du tribunal administratif de Toulouse, j'avais invité Gérard Miquel à se plier à de nouvelles élections cantonales et... sénatoriales. Naturellement, personne ne s'en est aperçu... Quoique monsieur Amigues m'ait confirmé lire mes écrits (sur internet) à son sujet... Il fut une époque où mes analyses étaient très bien référencées par google... désormais les installés se sont appropriés le net... google a même signé un accord avec un état qu'il qualifie peut-être de voyou dans ses fiches, la France de François Hollande, assurant aux médias de l'oligarchie des revenus... que google ne prendra pas dans son trésor de guerre... alors où ? en octroyant un meilleur reversement à ces privilégiés par rapport aux modestes webmasters pour qui ces euros sont vitaux... pas pour s'octroyer des salaires à quatre ou cinq mille euros comme certains journalistes mais pour bouffer, simplement bouffer...

Miquel, oui... Car quand même, les maires de nos villages, s'ils l'ont réélu sénateur, c'est quand même un peu grâce à sa position de Président du Conseil Général.
Non ? Combien de maires ont pensé "s'il n'est pas réélu sénateur, il va nous en faire baver" ? Aucun ?

Bref, sa réélection au Sénat ayant été acquise durant la "période litigieuse", une certaine classe aurait nécessité un retour devant l'ensemble des électeurs... Mais non, la politique, ce n'est pas une affaire de classe. J'ai compris. J'ai dépassé 25 ans. Y'a 20 ans j'avais 25 ans. Et vice-versa.

« Je reste tout à fait serein. J'attends de voir les attendus du jugement avant d'en dire plus. Mais si on annule mon élection pour ces dix bulletins, ce serait proprement scandaleux. »
(Gérard Miquel dans leur *dépêche*)
Scandaleux... oui scandaleux que de tels propos ne suscitent pas de réactions... Déjà, monsieur Miquel, quand on est réélu avec neuf voix d'avance, même s'il n'y avait pas eu de contestation, est-on le mieux placé pour présider cette institution ?

En juillet 2012, le conseil d'Etat valida l'élection de Gérard Miquel dans le canton de Cahors-sud.

Gérard Miquel, qui semblait déjà préparer le redécoupage des cantons, ne pouvait, sûrement, se faire aucune illusion : peu importe le redécoupage taillé sur mesure, peu importe où il se représenterait, il serait l'homme à battre en 2015... Ou les écologistes, en échange d'un canton, le soutiendraient ?

Le président du Conseil général a réussi à surprendre lors de la présentation de ses vœux lundi 13 janvier 2014 : il a annoncé son intention de quitter la présidence du conseil général après les municipales... où il souhaite devenir maire de Saint-Cirq Lapopie. 222 inscrits aux précédentes municipales, chiffre apparemment stable.
Une seule liste en 2008 et il n'en sera peut-être pas autrement en 2014... Ce qui serait décevant. Allez les jeunes ! J'invite néanmoins les citoyens de cette commune à constituer une alternative même si certains peuvent penser qu'il s'agit d'une bonne opportunité pour le développement touristique...
Monsieur Miquel n'y vivant pas, il s'est donc préparé une éligibilité à St-Cirq-Lapopie... une petite location ?... et a attendu que soit passé le 1er janvier pour l'annoncer... peut-être afin d'éviter qu'un adversaire symbolique fasse comme lui ! Je ne suis pas candidat à ces municipales, mais si j'avais eu les moyens et le temps de devenir éligible dans ce village, je m'y serais catapulté...

Quitter cette présidence s'impose s'il souhaite arborer l'écharpe de maire : le chef d'un exécutif local (président de conseil régional, président de l'assemblée de Corse, président de conseil général, maire) ne peut plus exercer un autre mandat de chef d'exécutif local.

« Mon enthousiasme pour la chose publique est intact. Aujourd'hui, je veux - de manière simple -

revenir à la source de mon engagement et renouer avec un mandat municipal. La vie politique est faite de cycles différents et il n'est pas dans ma nature de m'enkyster dans des situations acquises. J'aborde cette nouvelle étape avec sérénité et détermination (...)
Je ne me retire pas mais j'estime qu'il est temps de faire autre chose. Si les électeurs me font confiance, je siégerai au Grand Cahors comme délégué, avec Jean-Marc Vayssouze. Je donne juste une nouvelle orientation à ma carrière.» (leur *dépêche*)

Intéressant également : quand M. Miquel s'exprime, il s'agit toujours de « *Jean-Marc Vayssouze.* » Sans Formidable ni Faure.

En jouant serré, il peut ainsi donner d'une main à un(e) proche le Conseil Général et prendre de l'autre la Présidence du Grand Cahors... actuellement à Jean-Marc Vayssouze-Faure.

Le maire d'une ville de 20 000 habitants s'effacerait devant celui d'un village cent fois moins important ?
Ou M. Miquel, grand seigneur, se contentera du titre de premier adjoint ?
Peu importe, finalement...

Imaginons, JMVF battu à Cahors... Qui prendrait la présidence du Grand-Cahors ? Les représentants des « petites communes » suivraient le Sénateur Miquel ou le maire cadurcien ?
On peut tout contrôler... il reste des incertitudes, dans une élection... 2002... oui 2002, il faut également se souvenir de ces présidentielles comme de la chute d'un Lionel Jospin persuadé de passer sans souci de Matignon à l'Élysée...

Obligations pour être candidat...

Plus d'informations :
http://www.interieur.gouv.fr/Elections/FAQ/Les-elections-municipales/Candidatures/Conditions-a-remplir

Alors que pour les élections municipales de 2008, seuls les candidats des communes de 3 500 habitants et plus devaient faire une déclaration de candidature, pour les élections municipales 2014, tous les candidats, quelle que soit la taille de la commune, doivent déposer une déclaration de candidature.

La date limite pour le dépôt des candidatures est fixée au jeudi 6 mars 2014 à 18h00.

- commune de moins de 1 000 habitants

Il faut déclarer sa candidature auprès des services du représentant de l'Etat dans le département. La candidature vaut pour les deux tours.

Il est possible de se présenter au second tour de scrutin sans avoir été candidat au premier tour si et seulement si il n'y a pas eu suffisamment de candidats au premier tour, c'est-à-dire si le nombre de personnes candidates a été inférieur au nombre de personnes à élire. Ainsi, par exemple, dans une commune de 900 habitants où 15 conseillers municipaux sont à élire, des déclarations de candidature au second tour seront autorisées s'il n'y a eu que 14 déclarations de candidature ou moins au premier tour.

Les déclarations de candidatures sont individuelles et ce même en cas de candidature groupée.

En cas de déclaration d'un groupe de candidats, il n'est pas nécessaire de présenter autant de candidats que de siège à pourvoir : il peut y avoir moins de candidats ou au contraire plus de candidats que de conseillers municipaux à élire. La candidature d'un groupe de candidats s'effectue par une personne dûment mandatée par chaque candidat qui dépose l'ensemble des candidatures individuelles. Cette personne peut être aussi bien l'un des candidats qu'un tiers.

L'intérêt d'une candidature groupée peut être de figurer sur un seul et même bulletin de vote et de mener une campagne électorale en commun.

Au moment du dépouillement, les voix sont attribuées individuellement à chaque candidat.

- Commune de 1 000 habitants et plus

Les candidatures doivent être déposées au premier tour et au second tour.

Les candidatures doivent être effectuées sur une liste comprenant autant de candidats qu'il y a de conseillers municipaux à élire. Par exemple, si votre conseil municipal doit comporter 19 personnes, votre liste doit comporter 19 noms.

Les candidats sur la liste doivent alterner un candidat de chaque sexe. Ainsi, si le premier candidat est une femme, le second doit être un homme et le troisième une femme et ainsi de suite.

En 2014, seront également élus les conseillers communautaires. Ils seront élus en même temps que les conseillers municipaux : chaque liste de candidats au conseil municipal désigne aussi des candidats au conseil communautaire, parmi les membres de la liste. Les deux listes figurent sur un seul bulletin de vote. La déclaration de candidature doit donc également indiquer la liste des candidats à l'élection des conseillers communautaires.

Parmi les obligations générales : avoir une attache avec la commune dans laquelle vous vous présentez, c'est-à-dire y avoir son domicile ou sa résidence sur au moins six mois ou y être redevable des impôts.
En d'autres termes : soit la qualité d'électeur de la commune, soit la qualité de contribuable de la commune.
"Il est donc possible de se présenter dans une commune dans laquelle vous n'habitez pas si vous êtes contribuable de cette commune."

La qualité de contribuable doit être effective au 1er janvier 2014, elle se traduit par une inscription au rôle des contributions directes à cette date. Les avis d'imposition 2014 n'étant pas établis au moment des déclarations de candidatures, il conviendra de fournir une attestation établie par les services de la direction départementale des finances publiques.

La personne qui est élue conseiller municipal en raison de cette attache fiscale sans résider dans la commune est qualifiée de « conseiller municipal forain ».
Ellen Dausse était donc en situation d'être candidate à Cahors et Agen. Gérard Miquel sera un « conseiller municipal forain », ayant déclaré ne pas vivre à St Cirq...

« - St-Cirq-Lapopie n'est pas votre lieu de résidence principale. Pourquoi ce choix ?

 - J'habite à Flaujac-Poujols et je compte y rester, mais je serai très souvent à Saint-Cirq-Lapopie dont je suis tombé amoureux. Je m'y promène souvent. Je suis passionné par son patrimoine historique et son architecture. »

Pour les communes de 9 000 habitants et plus doivent également être fournies les pièces de nature à prouver que le candidat tête de liste a procédé à la désignation d'un mandataire financier ou celles nécessaires pour y procéder.

- Le mandataire financier

Pour les communes de plus de 9000 habitants, il convient de présenter un mandataire financier.

Qui permettra d'obtenir des dons fiscalement aidés... mais une obligation qui semble également là pour restreindre au maximum les listes réalisées avec des bouts de ficelles...

Faire une campagne sans argent... mais pas dans une ville de plus de 9000 habitants !...

http://www.interieur.gouv.fr/Elections/FAQ/Les-elections-municipales/Financement

Un seul quotidien...

Dans le Lot, un seul quotidien disponible...

Hervé Bourges (ancien président du CSA), interrogé par Jacques Chancel (émission diffusée le 27 mars 2005) :

« La presse régionale qui est une presse indispensable, cette presse dite de proximité. Mais n'a-t-elle pas beaucoup vieilli ? N'est-elle pas une presse encore trop de connivence par rapport aux responsables politiques, économiques, sociaux, culturels, disons de la région. »

Si vous recherchez cette déclaration sur Internet, vous ne la trouverez que sur un site, montcuq.info ; "bizarrement", je suis donc le seul à avoir considéré qu'elle méritait d'être retenue. Pourquoi ? Car il s'agit d'une évidence ? Car il est préférable pour les journalistes qui font l'opinion qu'elle ne serve pas à questionner. Peut-on être journaliste et servir une ambition politique ? Aucun journaliste en France ne fait passer les intérêts de son patron avant la pluralité de l'information ?

Il m'arrive de me connecter sur le site de leur *dépêche* et la politique de monsieur Baylet Jean-Michel à la tête du département du Tarn-et-Garonne me semble soutenue par les journalistes du quotidien de monsieur Jean-Michel Baylet.

Michel Polac, en mars 2003, aborda également le sujet : *« la presse de province, qui est complètement soumise au pouvoir des notables et des industriels locaux. »*

Nous avons besoin de la presse, de journalistes...

mais seule l'indépendance apporte la crédibilité. On ne peut pas servir les intérêts de groupes politiques et ou financiers et ceux de la démocratie.

Puisqu'enfin un de mes livres va se vendre... oui, un écrivain, enfin je vous cause d'un écrivain dans mon genre, malgré les multiples déconvenues, à chaque bouquin il est porté par un enthousiasme, peut-être cette fois celui-ci sera visible... certes durant l'entreprise, il se décourage souvent, ça ne sert à rien... et finalement, je vais y arriver, il sortira avant ces municipales... donc pour me redonner du tonus, voilà, l'idée qu'il sera lu... donc là, puisque je vous tiens, je me dois de vous offrir un énième détour dans la bayletonnie... oh pas loin, puisque de Montcuq on y arrive en un quart d'heure, à Montaigu... là j'ai écouté Sylvia Pinel... ce fut très drôle quand l'un de ses collaborateurs, ensuite, me demanda si j'étais de la *dépêche* !... Qui pouvait être ce mec à l'appareil photo actif et sans signe distinctif d'appartenance au cercle des conquis... non qu'il ait sûrement cru en sa question, peut-être pensait-il me faire honneur en m'interpellant ainsi... il m'aurait sûrement plutôt classé parmi les correspondants du *petit journal* de Montauban... « Indépendant, » j'ai simplement répondu, en souriant... C'était en 2012... les élections législatives... 2ème circonscription du TARN ET GARONNE.
Mme Marie-Claude DULAC (FN) y obtint 20 417 voix, soit 22,86 % des inscrits et Mme Sylvia PINEL (RDG) 30 445 voix, 34,09 % des inscrits (59,86% des exprimés). Oui, une piqûre de rappel pour lancer une analyse de la position de ce quotidien...
Aux législatives 2007, bien que M. Jacques BRIAT la

devança au premier tour, 37,51% contre 29,17%, madame Sylvia PINEL fut élue avec 50,71% des voix (26 811) contre 26 062 à monsieur Jacques BRIAT. Le candidat Front national était à 5,19 %, celui dit de l'Extrême-droite à 0,67%.

M. Jacques BRIAT déposa un recours devant le Conseil Constitutionnel, enregistré le 26 juin 2007, sa décision du 17 janvier 2008 fut notifiée au président de l'Assemblée nationale et publiée au Journal officiel de la République française le 23 janvier. Siégeaient alors M. Jean-Louis DEBRÉ, Président, MM. Guy CANIVET, Jacques CHIRAC, Renaud DENOIX de SAINT MARC et Olivier DUTHEILLET de LAMOTHE, Mme Jacqueline de GUILLENCHMIDT, MM. Pierre JOXE et Jean-Louis PEZANT, Mme Dominique SCHNAPPER et M. Pierre STEINMETZ.

« Vu la requête présentée pour M. Jacques BRIAT demeurant à Valence d'Agen (Tarn-et-Garonne), enregistrée le 26 juin 2007 au secrétariat général du Conseil constitutionnel et tendant à l'annulation des opérations électorales auxquelles il a été procédé les 10 et 17 juin 2007 dans la 2ème circonscription de ce département pour la désignation d'un député à l'Assemblée nationale ;

Vu le mémoire complémentaire présenté pour M. BRIAT, enregistré le 30 juillet 2007 ;

Vu le mémoire en défense présenté pour Mme Sylvia PINEL, député, enregistré le 3 septembre 2007 ;

Vu les nouveaux mémoires présentés pour M. BRIAT, enregistrés le 25 octobre et le 15 novembre 2007 ;

Vu les nouveaux mémoires présentés pour Mme

PINEL, enregistrés le 31 octobre, le 14 novembre et le 17 décembre 2007 ;
Vu les observations complémentaires présentées pour M. BRIAT, enregistrées le 4 décembre et le 17 décembre 2007 ;
Vu les demandes d'audition présentées pour M. BRIAT et Mme PINEL ;
Vu la décision de la Commission nationale des comptes de campagne et des financements politiques en date du 11 octobre 2007 approuvant le compte de campagne de Mme PINEL ;
Vu les observations du ministre de l'intérieur, de l'outre-mer et des collectivités territoriales, enregistrées le 31 octobre 2007 ;
Vu la Constitution, notamment son article 59 ;
Vu l'ordonnance n° 58-1067 du 7 novembre 1958 modifiée portant loi organique sur le Conseil constitutionnel ;
Vu le code électoral ;
Vu le règlement applicable à la procédure suivie devant le Conseil constitutionnel pour le contentieux de l'élection des députés et sénateurs ;
Vu les autres pièces produites et jointes au dossier ;
Les parties et leurs conseils ayant été entendus ;
Le rapporteur ayant été entendu ; »

Je vous invite à consulter le JO, en ligne gratuitement, si le dossier vous passionne. Je me contente de reprendre (choix d'un chroniqueur dont vous acceptez la liberté de rendre compte, comme il l'entend, de sa consultation de documents sur Internet) :

« - SUR LES GRIEFS RELATIFS A LA SINCÉRITÉ DU SCRUTIN :

1. Considérant que la presse écrite est libre de rendre compte, comme elle l'entend, de la campagne des différents candidats comme de prendre position en faveur de l'un d'eux ; que, dès lors, le grief tiré de ce que La Dépêche du Midi aurait apporté son soutien à la candidate élue et n'aurait pas évoqué la campagne du requérant doit être écarté ;

2. Considérant que les propos rapportés par La Dépêche du Midi et que le requérant qualifie d'injurieux à son égard, pour les uns, ne sont pas imputables à la candidate proclamée élue et, pour les autres, n'excédaient pas les limites de la polémique électorale ;

- SUR LES GRIEFS RELATIFS AU FINANCEMENT DE LA CAMPAGNE DE MME PINEL :

5. Considérant que le requérant soutient que le conseil général du Tarn-et-Garonne a indûment pris en charge les déplacements électoraux de la candidate proclamée élue ; qu'il résulte de l'instruction que les déplacements critiqués ont été accomplis dans le cadre des obligations professionnelles de Mme PINEL en sa qualité de chef de cabinet du président du conseil général ; que, dès lors, le grief doit être écarté ;

7. Considérant que le requérant dénonce la participation de Mme PINEL, le 13 mai 2007, à une manifestation dénommée « la Route du pain », organisée chaque année par le conseil général pour la promotion d'une production locale ; que, toutefois, les circonstances selon lesquelles, d'une part, aucun autre candidat n'aurait été invité à y assister, d'autre part, le président du conseil général aurait fait applaudir Mme PINEL au cours du

repas, n'ont pas, à elles seules, donné un caractère électoral à cette manifestation ; que son organisation ne peut, dès lors, être regardée comme un concours en nature d'une personne morale prohibé par les dispositions de l'article L. 52-8 du code électoral ;

10. Considérant que le requérant fait valoir que, dans les mois précédant l'élection, Mme PINEL aurait assuré à temps complet la promotion de sa candidature alors qu'elle était rémunérée par le conseil général qui l'employait, ce qui constituerait une participation au financement de sa campagne ; que, si Mme PINEL a bénéficié du congé de 20 jours pour participer à la campagne électorale, prévu par l'article L. 122-24-1 du code du travail rendu applicable aux agents non titulaires des collectivités territoriales par l'article L. 122-24-3 du même code, il résulte des pièces produites par le conseil général que la durée de cette absence a été imputée sur celle des droits à congé payé annuel, comme le permet l'article L. 122-24-1 précité ; qu'il n'est dès lors pas établi que le nombre de jours de congés payés pris par Mme PINEL a excédé la limite des droits qu'elle avait acquis à ce titre à la date du premier tour de scrutin ; que, dès lors, le grief doit être écarté ; »

Dans l'*Express* du 19 octobre 2011, avec en couverture « *le vrai pouvoir de La Dépêche du Midi* » et une photo de M. Jean-Michel Baylet, un constat de M. Jacques BRIAT est mis en exergue « *Si l'information n'est pas dans* La Dépêche*, elle n'existe pas, ce sont les avantages d'un monopole.* »

Mais même si le patron du PRG, celui de la

Dépêche, et le Président du Conseil Général du Tarn-et-Garonne, c'est le même homme, il convient de conserver précieusement cette délibération du Conseil Constitutionnel pour l'opposer à toute personne qui oserait dénoncer un problème démocratique dans la région : « *Considérant que la presse écrite est libre de rendre compte, comme elle l'entend, de la campagne des différents candidats comme de prendre position en faveur de l'un d'eux ; que, dès lors, le grief tiré de ce que La Dépêche du Midi aurait apporté son soutien à la candidate élue et n'aurait pas évoqué la campagne du requérant doit être écarté.* »
Écarté, écarté, écarté, écarté... elle est belle, la démocratie... écartée... encartée ?...

En 1998, en même temps que le roman "*liberté, j'ignorais tant de Toi*", je présentais "*Entre Cahors et Astaffort*", un texte potentiellement chanson d'opposition au projet de la ligne à très haute tension qui devait amener à Cahors l'électricité produite par la centrale nucléaire de Golfech.

Entre Cahors et Astaffort

Entre Cahors et Astaffort
Y'a des rêveurs qui rêvent encore
Ils jouent des mots, des métaphores
Et chantonnent la vie sans effort

Mais entr'Cahors et Astaffort
Sur la Garonne, y'a Golfech
Au bout des cannes à pêche
De l'uranium, leur uranium
Si tout l'monde ici s'endort
Bientôt de Golfech à Cahors

Sur de grands pylônes piailleront
Les gros fils d'affront à région

Entre Cahors et Astaffort
Y'a des rêveurs qui rêvent encore
Sur la Garonne y'a Golfech
Faut ranger les cannes à pêche

De grands patrons plastronnent
Vive l'industrie Vive l'industrie
Et tant pis pour les p'tits mômes
Sur le tracé du Dieu progrès

Entre Cahors et Astaffort
Ils agissent les utopistes
Pour qu'il sonne le droit des Hommes
Aux oreilles des affairistes

Entre Cahors et Astaffort
Les révoltés rêvent encore
Que jamais leurs volts ne nous survolent
Qu'le Quercy n'passe pas à la casserole

Je n'ai trouvé aucune déclaration officielle de Jean-Michel Baylet soutenant ce projet de ligne THT sur le Quercy Blanc, même si, le 2 septembre 1990, ès Ministre du tourisme, lors de l'inauguration de la foire-exposition de Cahors, il répliqua : « *Dire aujourd'hui, dès qu'une centrale nucléaire est construite, que les lignes pour exploiter le courant ne doivent pas passer, c'est totalement irresponsable. Par contre, dire que l'on doit faire attention à l'endroit où elles passent et de la manière dont on prépare ces passages, là, ceux qui le prétendent ont raison.* »
D'ailleurs, le 18 octobre 1999, sous la présidence de Jean-Michel Baylet, le Conseil Général du Tarn-et-

Garonne s'est déclaré en opposition à ce projet de THT.

Mais c'est peut-être plus complexe ! *Le Petit Journal*, un quotidien de Montauban plus ou moins vivace dans l'ombre de la *Dépêche* notait ainsi, à l'occasion des résultats des élections cantonales de mars 2004 "*Jean-Michel Baylet, actuel président du Conseil Général et patron du seul quotidien régional, vient d'être réélu sans surprise. Le dernier des « Baylet » perpétue ainsi plus d'un siècle de gouvernance sur le Tarn-et-Garonne après son père et sa mère. Malgré un bilan moribond la force de son journal et l'argent de Golfech le maintiennent au pouvoir pour quelques années.*"

Pas d'autres hypothèses sur le barrage opposé par cette *dépêche*... alors que des livres d'une qualité sûrement pas supérieure y sont présentés... J'avais des cheveux longs... ce n'est quand même pas l'explication ! Je venais du nord de la France... J'avais pas le bon profil ?...

Puisque j'en suis aux chansons...

Désolé Bay - let

Désolé Bay - let
J'aime pas ton torchon
Ta dépêche du midi
Méprise la création
Pue un peu trop l'rugby
Pollue notre région
T'aimes pas les écrivains
Dans tes rédactions
Désolé Bay - let
J'aime pas les torchons

Désolé Bay - let

J'aime pas ton Golfech
Qu'on retrouve l'uranium
Au bout des cannes à pêche
Qui essaime en pylônes
Qui tue par ses brèches
Quand je vois cette fumée
Mes couplets partent en flèches
Désolé Bay - let
J'aime pas ton Golfech

Désolé Bay - let

J'aime pas les fils de
Ceux qui fanfaronnent
Tous ces petits merdeux
Le tarn-et-garonne
Toujours Bay - letisé
Il serait temps d'le libérer
Besoin de pluralité
Désolé Bay - let
J'aime pas les fils de

Désolé Bay - let

J'aime pas ton gauchon
Ton parti radical
La tribu Bay - letons
Qui trône sur quelques cantons
Où la médiocrité s'installe
Où les ânes font leurs bêlons
Pour quelques subventions
Désolé Bay - let
J'aime pas ton gauchon

Désolé Bay - let

J'aime bien cette chanson

Désolé Bay - let
Si j'gâche tes soirées
Il pleut, il pleut Bay - let
Prends garde à ces couplets
Prends garde aux chansonniers, Bay - let
Un soir tu vas bêler
Désolé Bay - let
J'aime cette chanson

Désolé Bay - let
J'aime pas ton torchon
Ta dépêche du midi
Méprise la création
Pue un peu trop l'rugby
Pollue notre région
T'aimes pas les écrivains
Dans tes rédactions
Désolé Bay - let
J'aime pas les torchons

Bêêêêêêêêêêh

Œuvre originelle : Les moutons (Jacques Brel)

Et tu crois, Ternoise, qu'après cela monsieur Baylet va t'ouvrir les portes de sa *dépêche* et le Centre Régional des Lettres de Malvy te considérer écrivain ?
Avant non plus !
« *J'veux qu'mes chansons soient des caresses. Ou bien des poings dans la gueule. À qui ce soit que je m'agresse. J'veux vous remuer dans vos fauteuils* » du Renaud, peut-être fredonné chaque matin sous

sa douche par notre soixante-huitarde Geneviève Lagarde.

Et s'ils étaient de gauche... ils auraient de l'humour, de l'autodérision, ils aimeraient les chansons impertinentes... "de gauche"... comme dans les esprits idéalistes... une gauche qui n'a donc jamais existé dans notre pays !... Si comme moi vous avez rêvé d'une politique digne, l'imagination au pouvoir !... Bref... serait-il impossible de vivre debout ? chanta également mon cher Jacques Brel...

Le cumul des mandats en France

Le chef d'un exécutif local (président de conseil régional, président de l'assemblée de Corse, président de conseil général, maire, maire d'arrondissement) ne peut pas exercer un autre mandat de chef d'exécutif local.

Mais "bizarrement" les mandats au sein des structures intercommunales n'entrent pas dans la limitation du cumul des mandats. Ce qui pouvait se comprendre... le président d'une intercommunalité étant "naturellement" le maire de la commune la plus importante... mais cette loi semble avoir été considérée comme "une faille." Ainsi, de plus en plus de pouvoirs furent transférés des communes aux intercommunalités... naturellement pour une meilleure organisation, blabla blabla...

Ainsi le Président de la Région Midi-Pyrénées, Malvy Martin, n'est naturellement plus maire de Figeac (Premier adjoint, Finances) mais dirige « Le Grand Figeac », regroupement de 79 communes (74 lotoises et 5 aveyronnaises), soit plus de 42 000 habitants, la plus grande Communauté de Communes du Lot.

Jean-Michel Baylet président du conseil général de Tarn-et-Garonne, Sénateur de Tarn-et-Garonne, simple Conseiller municipal de Montjoi, 180 habitants, un poste suffisant pour présider la communauté de communes des Deux Rives, composée de 28 communes...

Mercredi 22 janvier 2014, le Parlement a définitivement adopté le projet de loi "durcissant" les contraintes en interdisant le cumul de fonctions exécutives locales avec le mandat de député ou de sénateur.

Ainsi... après le 31 mars 2017, un parlementaire (député, sénateur) ne pourra plus être maire, adjoint, président ou vice-président d'un établissement public de coopération intercommunale, d'un conseil départemental, d'un conseil régional, d'un syndicat mixte... ce qui laissera encore des possibilités de cumul mais sans représentation à Paris !

Les baronnies perdureront... La France des baronnies...

Les campagnes passent à l'heure des partis...

Pour les communes de plus de 999 habitants, jusqu'à 3500, la grande confiscation par les partis politiques est passée discrètement...
Elle suscite quelques remous... "On ne pourra plus barrer !"

La "population municipale" lotoise comprend 174 754 habitants. Selon les chiffres officiels de l'Insee.
Et non d'un site du genre copainsdavant !

Dépassent les 3500 habitants :

Cahors	20 224
Figeac	9 773
Gourdon	4 497
Souillac	3 808
Pradines	3 556
Gramat	3 555
Saint-Céré	3 526

Entre 1000 et 3500, il y en a 21.
Soit 30 427 habitants.
Certes, moins que dans les 7 grandes (48939 habitants) mais l'équivalent de Cahors + Figeac.

Prayssac	2 496
Puy-l'Évêque	2 052
Biars-sur-Cère	1 923
Castelnau-Montratier	1 885
Luzech	1 670
Martel	1 652
Lalbenque	1 651
Bagnac-sur-Célé	1 551

Le Vigan	1 496
Bretenoux	1 353
Vayrac	1 337
Lacapelle-Marival	1 321
Montcuq	1 271
Salviac	1 243
Labastide-Marnhac	1 167
Cajarc	1 130
Capdenac	1 084
Bétaille	1 083
Mercuès	1 044
Arcambal	1 018
Espère	1 000

30 427 + 48 939.
Soit 79 366 sans droit de rayer.
Presque 100 000 lotoises et lotois vivent sur des communes où ce droit demeure...
Oui, si elles s'organisaient, les campagnes refuseraient sûrement le rôle qu'on veut leur faire jouer... à part bien sûr St Cirq et Rocamadour ?

Les lois du 17 mai 2013 ont abaissé de 3 500 à 1 000 le seuil pour l'application du scrutin à la proportionnelle.
Exposé ainsi, les citoyens n'en mesurent pas forcément les conséquences.

Le scrutin proportionnel de liste à deux tours : aucune modification possible sur les listes... avec "prime majoritaire" à la liste en tête.

Depuis la loi du 31 janvier 2007, ces listes doivent respecter le principe de parité : autant de femmes que d'hommes, avec alternance obligatoire une femme un homme...

Les listes d'adjoints au maire élus par le conseil municipal sont également soumises à une obligation de parité !

Au premier tour, la liste qui obtient la majorité absolue des suffrages exprimés (50% des voix plus une) reçoit un nombre de sièges égal à la moitié des sièges à pourvoir.
Les autres sièges sont répartis à la représentation proportionnelle à la plus forte moyenne entre toutes les listes ayant obtenu plus de 5% des suffrages exprimés en fonction du nombre de suffrages obtenus.

Lors de l'éventuel second tour, seules les listes ayant obtenu au premier tour au moins 10% des suffrages exprimés sont autorisées à se maintenir.
Elles peuvent connaître des modifications, notamment par fusion avec d'autres listes pouvant se maintenir ou fusionner.
En effet, les listes ayant obtenu au moins 5% des suffrages exprimés peuvent fusionner avec une liste ayant obtenu plus de 10%.
La répartition des sièges se fait alors comme lors du premier tour.

Il y aura des indignations le jour du scrutin !

- Je ne peux plus barrer ? Je ne peux plus choisir ?
- C'est la loi.
- Alors je ne vote pas.

Qui répondra "Alors je ne vote pas" ?

Obligation de parité + obligation de listes

complètes : peu de listes indépendantes existeront dans les 28 principales communes de notre département.

Si vous souhaitez vous engager, suivez les installés.

La politique est trop sérieuse pour la laisser entre les mains des simples citoyens...

Naturellement, les listes s'ouvrent à "la société civile"...

Dans ces communes, un noyau dur pour siéger et d'autres qui ne pourront de toute manière pas être rayés.

Combien de ces communes ouvriront leurs bureaux avec une seule liste sur la table ?

Peut-on être élu à Cahors sans le soutien de la Dépêche du Midi ?

Oui, ça c'est vu ! Mais il est très difficile de se maintenir en place... Le problème avec cette *dépêche*... Ceux qui pourraient l'affronter lui accordent un pouvoir qu'elle n'a pas, en fait ! Vous avez l'impression de devoir rester complaisants pour ne pas être blacklistés mais soyez tous intransigeants ! Si à chaque article tendancieux les visés réclamaient un droit de réponse... certes, un seul, se retrouverait comme le Ternoise, ignoré... mais tous...

En 2001... Bernard Charles fut battu par Michel Roumégoux... Mais avant, Maurice Faure, après 34 années dans le fauteuil, ne lui passa le flambeau qu'à 14 voix près. Pierre Mas, UDF, sera de nouveau battu, plus sévèrement, à la consultation suivante et aux législatives. Mais la mainmise des radicaux aurait déjà pu tomber en 1989...

2001 : « *À quelques jours de ces élections, tous les pronostics donnaient Bernard Charles gagnant. A cela, plusieurs raisons. Le bilan du maire sortant recueillait une certaine approbation. Sur le plan politique, jamais Bernard Charles n'était en meilleure posture. Dès le premier tour il avait scellé l'union avec ses partenaires de la gauche plurielle (quitte à faire entrer sur sa liste des candidats contestés dans leurs propres rangs). Pendant ce temps, la droite s'étripait. Le RPR et son président Lucien Blanc tapait sur l'UDF alors que Roland Hureaux conduisait un cavalier seul.* »
Dans leur *dépêche* qui s'interrogeait ensuite : « *Où*

donc Michel Roumégoux est allé chercher les voix qui lui manquaient ? Chez les abstentionnistes, c'est certain. Puisque 7 % d'électeurs en plus sont allés voter hier. Ce réservoir là a largement compensé les éventuelles fuites des électeurs qui avaient voté Hureaux au premier tour. »

Bernard Charles : « « Pour Cahors, on peut parler d'un séisme important. Il s'agit d'un avertissement pour les élus. Dans une ville pourtant qui avait de très bons chiffres sur la sécurité, ce thème exacerbé par nos adversaires a donné des résultats ». L'ancien maire de Cahors rappelle les bons chiffres de la gauche au conseil général. « Et puis, dit-il, je reste député, président du groupe Radical Citoyen Vert à l'assemblée ». »

Malheureusement, pour des questions de financement électoral, Michel Roumégoux dut laisser son siège... ce qui semble avoir brisé l'élan... Qu'aurait-il réalisé en un mandat ?... Et l'affaire du parking souterrain offrit un boulevard au fidèle de Gérard Miquel...

2008... Marc Lecuru n'avait sûrement aucune illusion... Et ce fut le choc PRG-PS... également un choc physique...

Le soir du premier tour, ce fut la fête à la permanence PS : "le grand" dut essayer de modérer ses troupes... il avait rapidement remarqué un observateur... Devancer Marc Lecuru constituait naturellement un motif de satisfaction mais le bonheur c'était d'avoir écrasé l'infâme Orliac, d'avoir enfin viré ces radicaux de la mairie... des décennies s'ouvraient devant eux... Finis les radicaux...

Comme c'est drôle de voir sur leur *dépêche* la

députée Dominique Orliac soutenant son cher ami Jean-Marc Vayssouze...

2014. Quel sera l'effet du « petit livre » de monsieur Hureaux déposé dans 11 000 boîtes aux lettres ?... S'adresser ainsi directement aux cadurciennes et cadurciens semble une bonne option...

Roland Hureaux occupe un ancien PMU... Paus' Café.

Moins étudiée que « la petite Maurytanie » ou « la Baylonie », la Miquélie est indiquée à gauche. Quant à Régis ? Est-ce un surnom de JMVF ? Enquête infructueuse…

Jean-Marc Vayssouze prend de la bouteille socialiste...

Le directeur de cabinet de Gérard Miquel l'est resté dans sa tête ? Fidèle !

Jean-Marc Vayssouze-Faure est né le 30 mai 1972. Il aura bientôt 42 ans... et déjà un mandat de maire et président de la Communauté d'agglomération du Grand Cahors au CV.

Assistant parlementaire de Martin Malvy puis de Jean Launay (député PS du nord du Lot) et finalement directeur de cabinet de Gérard Miquel, cet homme visait indéniablement une carrière politique.

Après : 1965 - 1989 Maurice Faure : 2008 - 2042 Jean-Marc Vayssouze-Faure ?
Il aurait 70 ans... Maudite interdiction du cumul effréné des mandats ! Voilà un jeune gars tellement bien formé à l'ancienne école !

Le "jeune maire" semble, sur ses documents de campagne, avoir pris des leçons de maintient chez son voisin Cahuzac. L'élégance du notable, avec un dédain selon moi flagrant.

Roland Hureaux peut-il être l'homme de la situation en 2014 ?

Ancien élève de l'École normale et de l'ENA, agrégé d'histoire, ancien secrétaire général de la préfecture du Lot, Premier adjoint au maire de Cahors, de 2001 à 2003... et surtout maintes fois candidat avec des miettes de bulletins. Quelque chose ne passe pas entre lui et les électrices et lecteurs.

Je ne vais pas lui reprocher son obstination ! Si je m'arrêtais à cause de livres peu vendus... Il en a l'envie, il le fait. Sur le principe, dans sa propre logique existentielle, qu'il y aille ! La question n'est pas là...

Je ne vais pas le rayer de ma liste... seuls les fans "purs et durs" de Johnny pensent que ça ne change pas un homme... il peut avoir médité ses échecs pour se bonifier quand tant s'en aigrissent... Sénèque ne fut pas toujours l'homme des lettres à Lucilius... souvenez-vous quand il vivait en Corse... Oui, Sénèque fut également "un peu français", pas seulement pour avoir épousé Pauline, originaire d'Arles... Je vous égare... mais avouez qu'un peu de littérature dans ce contexte inculte peut vous redonner l'envie de continuer...

En politique, une certaine adhésion à sa personne semble nécessaire... comme en littérature dans ce cas... N'insistez pas. En plus, il a reçu l'investiture, donc aurait tort de ne pas foncer. Même une chance sur 100, on y va. Oui, entre l'Homme politique et l'Écrivain certains ressorts similaires s'observent... D'ailleurs Roland Hureaux est parfois considéré essayiste. (http://www.essayiste.net c'est pas lui, c'est moi !)

De nombreux livres...

- Un avenir pour le monde rural (Pouvoirs locaux, 1993) ;
- Pour en finir avec la droite (Gallimard, 1998) ;
- Le temps des derniers hommes, le devenir de la population dans les sociétés modernes (Hachette, 2000) ;
- Les nouveaux féodaux, l'erreur de la décentralisation (Gallimard, 2004)
- Jésus et Marie Madeleine (Perrin, 2005)
- L'Antipolitique - peut-on avoir une classe politique encore plus nulle ? (Privat, 2007) ;
- La grande démolition, la France cassée par les réformes (Buchet-Chastel, 2012).

Gallimard, Hachette, Privat : des éditeurs tenus par les grandes Fortunes de France, Gallimard, Lagardère, Fabre.
Combien de livres vendus ? Combien ont terminé leur course au pilon ? (cent millions de livres détruits chaque année par les éditeurs du SNE) Combien de droits d'auteur ? Roland Hureaux ne figure pas dans la première liste des indisponibles de mars 2013 (contrairement à Baylet, Jospin, Tapie...) Bien qu'il ait exercé des fonctions municipales, nous ne nous sommes jamais rencontrés... Sûrement significatif de sa position sur la profession libérale auteur-éditeur...

Et de très nombreux articles... Le chiffre de mille est noté.

Bref, même si ce passé doit être visité... dès juillet 2013, il était prêt... 66 ans, sûrement retraité... Sa vision de la politique et de l'édition a peut-être évolué... y'a des gens qui finissent par se rendre compte que les Gallimard, Lagardère, Esménard, de La Martinière ne font pas de la littérature comme le prétend l'Aurélie Filippetti de la rue de Valois et de chez Lagardère mais du commerce, amassent les subventions pour verser des miettes aux travailleurs précaires, les auteurs interchangeables.

« - Comment se présentent ces Municipales, selon vous ?
- Je pense que nous allons assister à de grands changements ; les équipes socialistes en place vont être largement balayées. On peut s'attendre à une hécatombe des maires socialistes, sauf là où sont en place des personnalités d'une envergure exceptionnelle. Les élus PS ont montré leur grave incapacité au niveau national et au plan local, malgré les promesses de 2007, telles que la gratuité de l'eau, la municipalité en place s'est révélée quasiment inexistante. D'ailleurs, le vrai maire de Cahors, ce n'est pas M. Vayssouze-Faure, mais bel et bien le sénateur Gérard Miquel. C'est face à lui, que je me positionne, en vérité. Je suis disponible pour gérer Cahors.

- Vous vous montrez bien sévère envers le maire sortant.
- Soyons réalistes ! Il fut un temps où tout le monde connaissait le nom du maire de Cahors. Aujourd'hui, y compris dans le Lot, les gens sont loin de savoir qui est le maire de la cité cadurcienne. On cherche en vain un fil conducteur aux actions menées par la municipalité en place.

- Cela fera tout de même quatre fois que vous vous portez candidat à la mairie de Cahors.

- Souvenez-vous, Louison Bobet a gagné le Tour de France, après l'avoir perdu trois fois. »
La vie quercynoise du 9 juillet 2013.

[on pourrait ajouter à l'argument du nom peu connu du maire de Cahors... que ceux qui le connaissent ont des difficultés à l'orthographier sans copier coller... plutôt que d'ajouter Faure il aurait pu en prendre le pseudonyme, Jean-Marc Faure... non, c'aurait fait « trop » ? Trop fort, forcément... j'ai également écrit quelques sketchs...]

Et le lundi 4 novembre, lors d'une conférence de presse à *La Chartreuse*, Roland Hureaux était sûrement souriant en annonçant « *Je suis candidat, officiellement investi par l'UMP, au plan national.* »

Maintes fois candidat... avec même une pulsion présidentielle... un matin, il s'est peut-être susurré "je vais me présenter", c'était peut-être même en février 2012 puisqu'en mars 2012, il promena un petit livre « *la Grande Démolition* », publié chez Buchet-Chastel... dans l'indifférence générale. Il espérait alors recueillir ainsi 500 parrainages ! Avec le slogan « *Touche pas à ma commune.* »
Y'avait effectivement quelque chose de pas sérieux... un candidat sans relais, souhaitant vraiment se présenter, c'est en mars 2011 qu'il aurait entamé un tour de France de quête des 500 parrainages... mais ce côté, j'ai envie de faire un truc, j'y vais... ce n'est pas pour me déplaire... Il faut faire les choses... et pas dire, j'aurais pu... il faut essayer... et si on se prend une baffle dans la gueule... ce sera toujours mieux que d'attendre d'être introduit par Baylet, Malvy ou Miquel aux râteliers républicains...

Un parcours "discutable" (où il n'avait aucune chance de me croiser !), Chirac, Pasqua, Chevènement... "gaulliste social"... Mais la vraie question : Roland Hureaux peut-il être l'homme de la situation en 2014 ? Il permettrait de stopper le clan... naturellement ces gens-là considéreraient avoir étés victimes d'un climat national anti PS de méchants français qui ont déjà oublié dans quelle situation ce bon François a trouvé le pays... blabla blabla...

Des analyses de Roland Hureaux méritent d'être connues...

Même s'il entrera difficilement dans la tunique de l'homme du consensus démocratique face au clan PS-PRG (sa victoire signifierait plus un réveil citoyen qu'une adhésion à sa personnalité ; des sacres s'obtiennent ainsi... et même parfois l'élu, conscient qu'il doit s'imposer, peut agréablement surprendre...), certaines de ses analyses me semblent mériter une plus large audience.

Dans un "petit pamphlet" du 18 avril 2012 "*Les épines du rosier*", sous-titré "*Le mal que les socialistes ont fait à la France*" il n'en parlait plus de son rêve élyséen, et balançait des phrases réutilisables à Cahors en 2014 :

« L'élection d'un socialiste donnée pour acquise, sans qu'apparaisse réellement de solution alternative : c'est précisément ce qui rend nos compatriotes si peu enthousiastes.
Et c'est bien là que réside le paradoxe de l'élection : les Français s'apprêtent à élire un socialiste alors

que, sur à peu près tous les sujets importants, le parti socialiste se situe aux antipodes de leurs attentes. »

On pourrait peut-être tourner autrement la sentence : le comportement des élus socialistes se situe aux antipodes de leurs discours, postures.

Mais quelles sont les attentes des français, monsieur Hureaux ? On peut tous faire de belles phrases mais je ne suis pas certain que d'autres partis soient plus près de « leurs attentes. » J'attends quoi ? De la justice juste, l'égalité, une réelle égalité et pas toujours l'obligation d'être bien vu pour... L'égalité républicaine... tout clientélisme détruit la république : clans, bandes, communautarismes, ghettoïsation reposent sur les mêmes logiques... ainsi le problème avec le PS ne me semble pas dans ses programmes mais... puisque Gérard Dalongeville passé par ce parti a popularisé l'expression : « *rose mafia.* » Le clientélisme. Les clans. Les oreilles fermées à tout ce qui ne soutient pas... je sais, tellement d'avantages acquis... ces gens se tiennent par la barbichette (autrement si plus d'affinités) des services rendus, n'osent plus toucher à rien de peur de subir la colère de quelqu'un d'utile... Mon analyse regroupe celle de « nos compatriotes ? » J'en doute. Alors ? Du pouvoir d'achat pour s'acheter un écran plus large ? Pour miser plus au loto et autres illusions du pauvre ? Plus de vacances ? L'essence à un euro pour polluer plus ? Le retour de Patrick Sabatier sur TF1 ?... Les grands enthousiasmes...

Le titre d'un de ses chapitres "*L'émergence des*

féodalités locales et l'euthanasie des communes" rejoint mes analyses.... même si l'utilisation dans ces circonstances d'*euthanasie* témoigne de la volonté de grands mots qui espèrent choquer, titiller, mais apparaissent tout simplement déplacés "*L'émergence des féodalités locales et les conséquences sur les communes*" m'aurait semblé meilleur... c'est vous l'auteur... mais essayiste encore plus inconnu que vous... je n'offre pas ma plume au millionnaire Gallimard... je me permets quelques appréciations stylistiques...

Son résumé : « *l'existence de baronnies locales quasi-inexpugnables entre les mains d'hommes qui sont à la fois députés, sénateurs, maires des grandes villes, présidents des conseils régionaux et généraux et surtout "parrains" de la fédération locale du parti majoritaire dans le département et donc, de ce fait, maîtres des investitures avec droit de vie et de mort sur la carrière des jeunes* » oublie même, dans l'élan, le combat sur le non cumul de certains mandats... On pourrait facilement lui répondre "voyez, tout est parfait" alors que non... c'est plus complexe, le contrôle... tout simplement car il passe à côté du concept essentiel : l'oligarchie... Le reste est à l'avenant : « *Les grands élus locaux n'ont pas seulement élargi leur pouvoir au détriment de l'État central et du préfet ; ils l'ont fait aussi au détriment des "petits" élus de terrain, maires des communes moyennes ou petites : une autre évolution contestable de la sphère locale dont l'initiative vient de la gauche et dont l'alibi est la prétendue nécessité de regrouper les communes.* »

Et comment ne pas sourire de la caricature « *Même*

si la droite a eu aussi sa part dans cette dérive, l'impulsion tant idéologique que législative est venue de la gauche : le mépris du monde rural et la préférence de principe pour les grands ensembles, seuls supposés modernes comme les combinats de Staline, en sont les moteurs. Le vieux réflexe marxiste selon lequel le monde rural est dépassé, porteur d'archaïsme et de conservatisme demeure, même au sein de la gauche prétendue modérée. La haine du monde rural est dans les chromosomes de la gauche française. »

Le mépris du monde rural... Mais que savez-vous du monde rural, monsieur Hureaux ! Des rapports de préfecture, de conseiller à la Cour des Comptes ?... Vivre à la campagne, vraiment, pas y passer seulement ses nuits, savez-vous quel combat ce choix de vie représente ?...

Roland Hureaux a édité "un livre", 50 pages, tiré à 11 000 exemplaires, distribué dans les boîtes aux lettres cadurciennes.
Avec son slogan de campagne : « Un nouvel élan pour Cahors, l'alternance dans la confiance ».

J'en ai demandé une copie numérique aux deux mails notés sur www.pourcahors.fr
L'un m'est revenu en adresse inconnue.
Et de l'autre, celle notée du candidat, aucune réponse.
Le contact via facebook n'a pas donné de meilleur résultat. Finalement twitter a permis un accord de principe pour une interview... J'ai envoyé des questions... avec l'impression que le candidat aurait préféré un contact téléphonique...
Mon livre peut ne pas susciter d'intérêts chez les

candidats… J'essaye de les contacter, tous… Il est vrai que je ne suis pas édité chez Gallimard ; il refuserait peut-être mais la question ne se pose pas, n'ayant pas l'intention d'encore enrichir un homme installé dans les grandes fortunes de France.

La commission nationale d'investiture de l'UMP a donc choisi Roland Hureaux (plutôt que Guy Debuisson également candidat !) Où l'on m'apprend, en octobre 2013, que les instances départementales de l'UMP n'ont plus de président, mais toujours une voix, la secrétaire départementale, Monique Martignac, conseillère régionale, soutien de Guy Debuisson :

« Cette décision parisienne est un mauvais choix. Il faut savoir que M. Hureaux a fait 6.8 % aux dernières municipales. Il a été candidat trois fois à la mairie de Cahors 1995, 2001 et 2008, contre le candidat investi par l'UMP qu'il a vigoureusement combattu. Il n'a aucune chance. »

Ils me le rendraient presque sympathique à ne lui accorder aucune chance.

La venue de François Fillon

La Dépêche du Midi a su faire sourire début février de la venue de François Fillon en titrant : « *Un jour ou l'autre, il y aura, ici, l'alternance.* »
Inutile, alors, de préciser "il semble avoir oublié de lire ses fiches avant de s'exprimer."
« *Son amitié avec Roland Hureaux serait ancienne.*
« *On a marché ensemble aux côtés de Philippe Seguin* » expliquait hier après-midi, François Fillon, *l'ancien Premier Ministre venu à Cahors soutenir le candidat UMP. Visite marathon... »*
J'aurais aimé un autre compte-rendu, par exemple sur le site du candidat... mais rien... juste une vidéo, inutile pour un internaute avec l'Internet du méprisé des campagnes...

Alors, une phrase de circonstance de François Fillon « *Dans le Lot, il y aura un jour ou l'autre l'alternance et pour Cahors je suis très confiant, Roland Hureaux va gagner.* »

J'ai publié, fin 2012 : « *François Fillon, persuadé qu'il aurait battu François Hollande en 2012, qu'il le battra en 2017.* »

Un homme politique se doit de toujours être persuadé qu'il va gagner...

La guerre des chiffres...

« On ne peut échapper à un certain sentiment d'irréalité à entendre le bilan d'autosatisfaction que fait M. Vayssouze-Faure de son mandat.

Le taux de chômage de Cahors était de 16% quand le taux national pour les villes était de 9% ; depuis lors, la situation s'est dégradée rapidement en France et dans notre ville.

Ainsi les 700 emplois revendiqués sur Cahors-Sud ne suffiront pas: il est vrai que le site de la mairie n'en annonce que 420! Cherchez l'erreur. Le nombre de jeunes qui ne trouvent pas d'emploi ne cesse d'augmenter. Le taux de chômage des jeunes à Cahors est de 36,7% pour une moyenne nationale de 22,5%, soit 14,2% de plus. Mais M. Vayssouze est content.

Impositions: les Cadurciens payent 754 euros d'impôts locaux par habitant, pour une moyenne nationale de 300 euros.

Mais M. Vayssouze est content de son bilan (tous ces renseignements se trouvent sur le site http://www.journaldunet.com/management/ville/ca hors). »

Il est surprenant qu'un homme ayant œuvré dans de grandes instances en soit à fournir des chiffres d'un site comme journaldunet.com, édité par Benchmark Group, Société Anonyme au capital de 429 418 euros, également propriétaire de Copainsdavant.com, Journaldesfemmes.com, Linternaute.com.

Nul doute que des chiffres vérifiés seront fournis par l'ensemble des candidats.

Le feuilleton Ellen Dausse

Ellen Dausse est entrée rapidement dans la campagne : le 12 juillet 2013, elle présenta l'avis de la Commission nationale d'investiture de l'UDI (Union des Démocrates et Indépendants) signé par Jean-Louis Borloo.

Ce qui sembla ne pas plaire à Bernard Borredon, président de l'UDI du Lot, qui aurait souhaité un candidat siégeant déjà au conseil municipal, Michel Grinfeder.

« Je suis candidate contre le maire sortant, avec qui je ne partage pas les mêmes valeurs et le même projet pour la ville de Cahors. C'est le grand favori. C'est normal. Mais la politique nationale du Parti Socialiste ne va pas forcément jouer en sa faveur. » La liste devait être présentée en septembre...

Fin décembre 2013, elle avait presque réussi son exercice de style : « J'ai pris la décision de renoncer à la bataille aux municipales Cadurciennes. Cette décision s'explique par le fait, clairement exprimé, que ma volonté initiale était de rassembler le centre et la droite et qu'à ce jour, devant la disparité des initiatives cela ne me paraît plus possible. Je rappelle aussi que le président UDI Bernard BORREDON agit contre la volonté des instances nationales et ne tient pas compte de l'investiture qui m'a été apportée par Jean Louis BORLOO. Il soutient un candidat Toulousain sans investiture, infiltré à Cahors pour semer le trouble. On pourra d'ailleurs se poser la question des origines de cette candidature.

Dans les faits, M. HUREAUX présente une liste UMP de droite légitime car investie. M. DEBUISSON le

Toulousain présente une liste de personnes qui visiblement ne veulent pas l'union et donc nuisent à leurs familles politiques respectives. Trois listes d'opposition de droite à Cahors, la mienne comprise, ne feraient que diviser les chances pour l'emporter. Il est regrettable que des personnes comme M. GRINFEDER qui a parcouru de nombreux partis politiques depuis plus de 20 ans et que M. BORREDON fraîchement investi en politique départementale ne puissent comprendre cet état de fait. C'est à croire qu'ils sont, soit à la solde d'une nouvelle victoire du maire sortant de CAHORS ou bien à celle de quelque ambition individuelle qui les dépasse.

En conséquence, j'ai décidé de me retirer de cette élection pour être en accord avec mes propos et mes actes. Je ne veux pas être à l'origine de la perte du centre et de la droite à Cahors.

(...)

Je ne vis pas de la politique, j'ai une profession captivante qui me permet d'exister pleinement, la politique est pour moi une passion, un engagement... »

Elle terminait par un hommage à Michel Roumégoux, effectivement le seul à avoir su fissurer la forteresse PRG-S.

Mais un passage, néanmoins, mérite notre attention « *M. HUREAUX présente une liste UMP de droite légitime car investie. M. DEBUISSON le Toulousain présente une liste de personnes qui visiblement ne veulent pas l'union...* »

Voilà une "jeune" femme qui prétend faire de la politique autrement mais pense qu'aux municipales la légitimité provient de l'investiture nationale !

Assez... maladroit ? Sans étiquette t'es pas net ? Si l'avocat toulousain ne m'a jamais semblé la personne idéale face à l'oligarchie départementale, ce n'est pas à cause d'une absence d'investiture, mais d'une absence de Cahors... Et d'un passé PRG. Peut-on faire campagne dans une ville de 20 000 habitants sans y vivre ?...

En se rendant à l'inauguration de son local de campagne, Ellen Dausse semblait devoir rejoindre la liste Hureaux...

Mais elle aurait pu signer Ellen Dausse l'agenaise ! Car finalement, elle figurera en 22eme position sur la liste du maire sortant... d'Agen. Jean Dionis. Un UDI. Épilogue de presque trois trimestres de petites phrases et démarche prétendue rénovatrice... le centre lotois renaissait !

Dans un communiqué début février 2014, elle balançait : « *Une alternance à Cahors aurait été souhaitable. Mais face à une municipalité sortante bien implantée, dont le bilan n'est pas non plus mauvais, le premier impératif pour une liste de reconquête était de se mettre au diapason des attentes profondes de nos concitoyens et du renouvellement des pratiques politiques. (...) Comment peut-on imaginer pouvoir séduire les électeurs en se focalisant sur des calculs politiciens ? Nous étions une équipe de forces vives et nouvelles, prête à relever ce défi, mais certains de la famille de droite et centre-droit (MM. Pradié, Borredon et Grinfeder) ont préféré essayer d'amener, de recaser, une candidature extérieure, la candidature Debuisson, privilégiant ainsi leur intérêt particulier et méprisant surtout les militants de l'UDI et de l'UMP, tout comme les habitants de*

Cahors. Certes le bureau national de l'UDI est en train de mettre en place des sanctions envers M. Borredon et M. Grinfeder, mais ils auront réussi leur coup et auront empêché cette fois-ci à une nouvelle génération d'entrer par la voie des urnes dans la gestion de la ville de Cahors.»

« Bilan n'est pas non plus mauvais » pour le fidèle de Miquel, attaque contre des représentants de « *la famille de droite et centre-droit* » qui contrairement à elle ont réussi à être élus (même contre elle pour monsieur Borredon à l'UDI) mais avec une arme radicale (avec jeu de mot, ok) : « *le bureau national de l'UDI* » où elle semble soutenue, position sur laquelle elle s'arc-bouta mais du plus mauvais effet, cette rénovation apparaissant alors comme une décision de Paris contre celles et ceux qui essayent de faire vivre localement ce rassemblement... Demande de sanctions nationales contre des personnes en place et départ dans un département voisin... la politique de la terre brûlée... à l'échelle d'un parti déjà embryonnaire... alors qu'il devrait constituer un socle essentiel dans la lutte contre les installés...

Je peux néanmoins l'approuver quand elle constate « *à Cahors il faudra un certain temps pour reconstruire l'UDI...* » Modem, UDI, centre, peu importe le nom... Pourvu qu'un jour il y ait des candidats crédibles, qui vivent dans le Lot, une organisation qui ne se contenterait pas d'apparaître comme un second choix pour des notables en mal de carrière... (au PRG ?...)
Déjà en 2007, aux législatives, j'avais regretté le parachutage d'une avocate parisienne sous l'étiquette modem, Agnès Sindou-Faurie ; j'avais

même osé ironiser sur la seule trace de culture de sa présentation « *mettre en valeur nos atouts touristiques et culturels.* » Ce qui n'avait pas forcément été apprécié... mais avec le recul... vous l'avez revue engagée dans le département ? Tentative de parachutage, si ça marche je m'engage à passer deux jours par semaine dans ma circonscription, sinon basta ! Le PRG-S a réussi à tricoter l'ensemble du Lot avec des hommes sur place... Il ne sera pas possible de les renverser avec des parachutés...

Quant à son absence de cohérence lotoise, elle l'avoue dans un « *Ayant laissé mes plus proches collaborateurs de l'UDI un peu «orphelins», ils ont rejoint la liste et l'équipe de campagne de Roland Hureaux, je le remercie chaleureusement pour cette intégration de l'UDI.*» Ce qui semble signifier qu'elle aurait pu y figurer également... mais doute du nombre d'élus ? Elle a finalement eu des réticences à rejoindre cette liste ? (M. Hureaux ayant comme M. Grinfeder « *parcouru de nombreux partis politiques depuis plus de 20 ans.* »)

Pourquoi Agen alors ? Ellen Dausse y travaillerait depuis le mois de septembre ! « *Il me semble logique de m'investir dans la ville où je travaille. Je ne souhaite pas être un élu absent.* » Elle aurait pu le dire avant, ce qui aurait évité ces péripéties... Car elle devait connaître en juillet sa ville de travail en septembre. Elle aurait ainsi pu nous épargner l'expression se voulant sûrement inamicale « M. DEBUISSON le Toulousain » ou toujours compléter avec « Mme Dausse l'agenaise. »

Le conseil municipal d'Agen est actuellement formé de trente élus de la majorité et neuf d'opposition. Dix adjoints. En cas de réélection, elle siégera vraisemblablement...

Elle reviendra pour certaines élections dans le Lot ? Ses bonnes relations parisiennes lui permettront d'occuper une place aux européennes ? Je ne vais pas la critiquer d'essayer de remuer ce système figé... Mais vu de l'extérieur certaines « maladresses » semblent évidentes... Comme critiquer « le toulousain » quand on est « l'agenaise. » Elle en verrait peut-être également dans mon approche éditoriale si elle l'observait ! D'ailleurs en pendant de http://www.cahors.pro existe également http://www.agen.pro (et http://www.montauban.pro)

Chacun naturellement passe par des étapes d'erreurs dans sa vie. C'est compliqué de ne jamais se tromper... on grandit également de nos échecs...

Peu avant l'annonce de son départ, elle eut l'occasion de se réjouir, fin janvier, une sanction à l'encontre de Michel Grinfeder, actuel conseiller municipal d'opposition : « *«C'est Ellen Dausse qui a demandé cette suspension. J'attends la lettre de confirmation. J'ai simplement reçu un mail», poursuit l'élu local. Un mail sur lequel l'UDI précise au principal intéressé : «Vous avez contribué à déstabiliser la candidate Ellen Dausse au point de la faire renoncer à mener campagne.»* » (comme c'est drôle et sûrement vrai puisque publié dans le quotidien départemental)

Frédéric Dhuême

Même leur *Dépêche* en a causé de sa candidature...
vous voyez que ces journalistes sont compétents,
attentifs et indépendants...

« *Les bancs de la misère, le doute et la route,
l'ancien SDF Frédéric Dhuême connaît par cœur.
(...) À 41 ans, ce candidat atypique à la mairie de
Cahors...* »

Candidat atypique, pas certain que ce soit un
compliment dans ce quotidien. Que tous les
atypiques se lèvent !
SDF, quelques livres, dont « *Libertez-vous !* » chez
"EDiLivre." Certes un endroit non recommandé par
www.auto-edition.com.
Mais quand on voit la manière dont la profession
libérale est traitée dans cette région... non je ne
vais pas toujours faire mon Céline à vous
embarquer dans des parenthèses sur ma vie. J'ai un
sujet, ces élections, ce département...
Bien sûr mes déboires peuvent vous éclairer
également... J'aurais pu être un notable... À 20 ans,
un bon salaire, une carrière dans les assurances...
mais non, je ne suis pas descendu dans le Lot pour
les beaux yeux de Groupama.
Retour à Frédéric Dhuême : « *Il a retrouvé une
certaine foi après avoir cédé aux chants d'une
sirène nommée alcool.*
« *Je combats ce fléau avec l'aide d'une psychiatre et
par le biais de séjours hospitaliers* ».
*Le candidat a compris que l'alcool le conduirait très
tôt dans la tombe.*»

Une candidature plutôt traitée comme un "cas social." Les candidats sérieux sont ailleurs. Pas des atypiques...

Le titre "*Le SDF qui voulait être maire de Cahors*" (metronews.fr), dans mes alertes google m'interpella fin décembre 2013.

« Un candidat qui se déclare sans domicile fixe à Cahors souhaite se présenter aux élections municipales de mars 2014. »

« Un aspect de mon programme est d'instaurer la délation positive. Il s'agit de dénoncer les agissements des politiques qui nous manipulent à longueur de journée. »
Ah la manipulation des foules !
« Ecrivain à ses heures, l'homme qui avoue sans honte lutter contre l'alcoolisme, a écrit deux livres. Mais avant, Frédéric Dhuême a été successivement menuisier, serveur dans un bar, chauffeur, vendeur. Autant de petits boulots qui lui permettent d'avoir un regard sans concession sur notre société. »
« Je souhaite que les gens se réapproprient la démocratie. »
Je l'ai donc contacté. Et il m'a répondu rapidement.

Martin Malvy

Il viendra à Cahors soutenir son ancien assistant parlementaire...
Le mardi 5 novembre 2013, à l'Elysée, François Hollande lui a remis les insignes d'officier de la Légion d'Honneur ! Prétendant : « *Vous avez donné le meilleur de vous-même pour la vie publique. Aujourd'hui, la République vous distingue, mais vous avez distingué la République. Vous êtes aussi homme de travail, c'est-à-dire plus tôt que les autres au bureau, et toujours sur le terrain.* » (selon leur *Dépêche* du lendemain)

Là je souris... Vous également ?... Souvenir d'une phrase de Martine Aubry, j'en retrouve rapidement, dans le livre publié le 4 avril 2012, la formulation exacte : « *Arrêtez de dire qu'il travaille. François n'a jamais travaillé, il ne fout rien.* » (*Le Journal du dimanche* du 30 avril 2011)

Certes, avant, quand je pensais à la légion d'honneur, Maurice Papon dans son cercueil avec sa distinction qu'il refusa de rendre m'apparaissait. Les politiques se décorent... Je pense nécessaire de n'accorder aucune valeur aux médailles remises par les élus à leurs amis...

De Martin Malvy me sont parvenus les propos :
« *Vous avez rappelé ma fidélité à un territoire, Figeac, à mon département d'origine, à Midi-Pyrénées, à un engagement.*
J'ajouterai la passion qui m'a conduit à ne jamais préférer un moment personnel à une obligation, estimant que celle-ci était la réponse à celles et ceux qui un jour m'ont fait confiance. »

Personne n'a lu "*Des racines, des combats et des rêves*" de Malvy Martin !? Me suis-je exclamé ! «...*ceux qui accusent les autres de clientélisme sont souvent ceux qui n'ont pas réussi à être élus ou réélus. Faire de la politique, c'est être à l'écoute et, par définition, chercher à rendre service* » n'était pas le passage m'ayant le plus choqué dans ces entretiens avec Jean-Christophe Giesbert et Marc Teynier, publiés le 7 octobre 2010, par Michel Lafon. Ni « *j'appartiens à une famille où personne n'a jamais fait fortune* » d'un homme ayant cumulé tant de mandats. Faire fortune débute à combien, monsieur ? (la rémunération d'un président du Conseil régional semble limitée par la loi à 5 512,13 euros et au niveau des intercommunalités de moins de 50 000 habitants à 3 421,32 euros, soit quand même plus de 100 000 euros annuels avec une vie quotidienne largement pourvue de « notes de frais » ; je n'ai pas trouvé les montants octroyés à monsieur Malvy... qui peut également bénéficier de pensions de retraites... sans oublier son poste de premier adjoint à Figeac... et ses droits d'auteur... ne plaisantons pas...)

« - *En évoquant ces moments cruels pour votre grand-père, on se dit que la politique devait représenter pour vous beaucoup d'honneur. Est-ce que vous avez suivi cette voie bien des années plus tard avec, consciemment ou non, l'envie de laver le nom de votre famille ?*

- Je pense que cela a joué. (...) Je ne pense pas que mon grand-père ait eu une influence directe sur moi. Nous n'avons que rarement parlé de son histoire ensemble. J'avais davantage de discussions avec ma grand-mère, qui m'en racontait longuement les différents épisodes et vouait une

haine sans borne à Clemenceau... (...) En 1920, deux ans seulement après la fin de la guerre, porter le nom de Malvy c'était porter celui de l'homme qui avait été accusé de complicité avec l'ennemi... » et dans ce livre, monsieur Malvy s'ingénie à "discrètement" charger Clemenceau « *Cela va conduire à un procès inique. Si Louis-Jean Malvy est bien blanchi des chefs d'accusation initiaux, il est en revanche, au dernier moment, condamné à cinq ans de bannissement pour « forfaiture », c'est-à-dire pour ne pas avoir dûment rempli sa charge de ministre de l'Intérieur* [durant la première guerre mondiale] *(...) Il y a deux ans, l'historien Jean-Yves Le Naour a consacré un ouvrage à cet épisode de la IIIe République. Il l'a intitulé* L'Affaire Malvy, le Dreyfus de la Grande Guerre. *Tout est dans le titre...* »

Quelques pages plus loin arrive l'enfance de Martin, né en 1936 « *J'étais en sixième et devais avoir onze ans. Un jour un garçon de ma classe me lança dans la cour : « Après tout, tu n'es que le petit-fils d'un traître. » Ce jour-là je me suis battu comme jamais...* »

Ainsi, le lecteur doit penser qu'en 1947, le jeune Martin fut victime d'un « *Après tout, tu n'es que le petit-fils d'un traître* » à cause de cette histoire de la première guerre mondiale où nous devons avoir conclu que les malheurs du Louis-Jean proviennent du vilain Clemenceau... en lisant la dédicace, déjà, un malaise m'avait effleuré : « *à mes petits-enfants, Louis-Jean et Simon.* » Non qu'un homme de cet âge tienne à présenter sa descendance mais ce prénom, "Louis-Jean"... celui du grand-père du président du Conseil Régional, dont j'ai une très mauvaise opinion. J'espérais encore à cet instant que l'adjoint au maire de Figeac exposerait précisément sa position, avec de nombreuses "réticences" par rapport à cet ascendant condamné par la Haute-Cour de justice le 6 août 1918 (ès qualité de ministre de l'intérieur de 1914 à 1917) à 5 ans de bannissement, mais ne s'arrêtant pas là, redevenant député (et même éphémère ministre) et soutenant les accords de Munich (entre Hitler et Daladier) puis votant le 10 juillet 1940 à Vichy les pleins pouvoirs au Maréchal Pétain. Frappé d'indignité nationale et inéligibilité pour 10 ans en 1945, il est mort en 1949. Son petit-fils Martin avait 13 ans. Pas étonnant qu'il n'ait pas vraiment parlé avec lui de politique ! Mais ce pan est occulté dans les racines... Il existe une notion de mensonge par omission...

Nul n'est coupable des fautes de ses ancêtres. Mais quand on souhaite "réhabiliter" la mémoire d'un tel personnage, il serait préférable que l'ensemble des électeurs, et le Président de la République avant d'élever à un si haut grade républicain, le sachent et connaissent d'autres versions que celle du petit-fils.

1918 ? La faute à Clemenceau ! Et à une Haute-Cour soucieuse de lui plaire ! Quant au titre *"L'Affaire Malvy, le Dreyfus de la Grande Guerre"*, il me semble un peu déplacé pour un homme qui vota les pleins pouvoirs au Maréchal Pétain. Un peu de retenue... oui, c'est moi qui écris cela, qu'on peut caricaturer d'anarchiste... Il existe des endroits où quand on ne suit pas le troupeau, on vous colle sur le front l'étiquette anarchiste... Quand l'opinion en arrive à considérer ainsi de vrais républicains, la manipulation des foules est réussie !

Face à une condamnation de 1918 vaillamment défendue, les bons journalistes aurait dû évoquer celle de 1945 ? Ils n'en ont sûrement pas eu le temps (ou la lucidité ! peu d'entretiens, où le whisky coulait à flots... si si... mais non je n'invente rien... j'y reviendrai...). Pourtant, monsieur Malvy y prêta le flan en répondant, pour 1918 : « *les sénateurs étaient à ce point mal à l'aise avec cette condamnation qu'ils ne l'avaient pas déchu de ses droits civiques et qu'il était toujours député.* »

Donc le lecteur ignorant 1940-1945 doit considérer l'apostrophe « *petit-fils d'un traître* » liée à 1918. Non ? Aucune trace de l'indignité nationale et inéligibilité de 1945, et nulle réticence sur Marcel Peyrouton (2 juillet 1887 - le 6 novembre 1983), qui participa au gouvernement de Vichy sous l'Occupation, pourtant son propre oncle par alliance, qui épousa Paulette Malvy (fille de Louis-Jean Malvy) le 15 mai 1929.

Avec son nom en gras en haut de ce livre, qu'il est même allé dédicacer en librairies, monsieur Malvy ne me semble pas très bien placé pour juger les écrivains. Qui plus est sans les lire...

Pourquoi ai-je lu ce livre ? Car Martin Malvy s'est imposé dans ma vie... Ma profession libérale auteur-éditeur ne lui semblant pas acceptable pour accéder au rang d'écrivain... donc je l'ai acheté... Je suppose ce livre très peu lu... Naturellement leur *dépêche* en assura la promotion...

Nul n'est responsable des erreurs de ses ancêtres... d'ailleurs tout le monde, à cinquante générations, doit bien pouvoir y déceler des assassins, des violeurs, des voleurs, des criminels... un coucou littéraire à Philippe... mais non pas Pétain, Djian, de la rivière Sainte-Bob, « *plus une décision est stupide, plus elle est facile à prendre (...) nos motivations profondes sont si complexes, si accablantes...* » je vais vous perdre, c'est le risque... criminels, traîtres... mais quand on se met à défendre un grand-père, surtout de son poste de Président de Région, surtout quand il fut condamné à l'indignité nationale en 1945, les électeurs devraient le savoir... Ce serait le rôle des journalistes... ceux de leur *dépêche du midi* (où monsieur Malvy débuta sa carrière) semblaient plutôt favorables à l'ouvrage...

Je vais encore me répéter, vous les avez déjà lues, mes déboires Malvy... « *Quand Martin Malvy publie un livre : questions de déontologie* » est sorti le 6 avril 2013... oui presque un an, et aucune vraie réaction, ni de sympathisants, ni d'opposants. Rien. Je dois être encore moins lu que lui.

J'aimerais que messieurs Miquel, Amigues, Vayssouze-Faure, Hureaux et les autres réagissent sur ce pavé de monsieur Malvy... Sur les miens, également, oui, ça montrerait au moins qu'ils les ont achetés ! Quelques ventes, on en est là, quand on a choisi la vraie indépendance... Mais bon, avec l'âge, il est trop tard pour se renier... « *quarante-sept ans était l'âge de l'incertitude, celui où l'on devinait que rien n'allait s'arranger dans nombre de disciplines. D'un côté l'esprit continuant de s'aiguiser, mais de l'autre...* » (Sainte-Bob)

Longue vie à Maurice Faure !...

Il peut devenir le Stéphane Hessel du Lot ! Il lui faudrait un livre... nul doute que les éditions Privat s'empresseraient de le publier... Vite, avant les élections européennes... je lui propose "l'Europe que nous avons voulue."

Si je reviens sur Maurice Faure, c'est qu'en septembre 2013 il y eut une grande fête (républicaine !) en son honneur à la mairie de Cahors. Je n'y étais naturellement pas convié. Il s'agit donc du point de vue d'une grande plume de leur *dépêche*... « *Cahors. Maurice Faure, l'Empereur devient Commandeur* » C'est son titre, à Laurent Benayoun. Peut-être qu'il trouverait mieux que moi pour l'opus du « *César républicain.* » (rappel : lu dans *Dire Lot*... « *César républicain* » je ne me serais pas permis déjà que mon cher Sénèque dut se suicider sur ordre de Néron...)

Maurice Faure serait donc devenu, à 92 ans, le deuxième lotois élevé Commandeur de la Légion d'Honneur. Je ne cherche pas à savoir le nombre de marches entre lui et l'honneur accordé à Malvy Martin... « *Le grand radical a reçu les insignes de Commandeur de la Légion d'Honneur des mains de Sylvia Pinel, ministre (PRG) de l'Artisanat, du Commerce et du Tourisme. Comme un passage de témoin entre deux générations du radicalisme, souligné avec délicatesse par la ministre tarn-et-garonnaise. En contemplant Maurice Faure, on tutoie bien l'Histoire de France, le fracas des Républiques, et l'avènement de l'Europe.* »
Oui, on sait, y'a sa signature sur le traité de Rome en 1958... et il est le dernier vivant de cet acte

fondateur... S'il n'en reste qu'un, ce sera le dernier... Allez, chantez ! (avec l'accent de Jacques Higelin)

« *Avant d'accrocher la cravate de commandeur autour du cou de Maurice Faure, Sylvia Pinel se posa donc, avec affection et simplicité, en héritière de ce grand homme, au parcours unique : «Vous êtes la grande figure tutélaire du radicalisme, votre talent a marqué l'histoire. Vous êtes un exemple, ma ligne de conduite, un homme de consensus. Votre parcours politique est hors du commun et vous êtes le symbole de la méritocratie républicaine».* » La présentation de DireLot me traverse l'esprit en consultant ces éloges...

Martin Malvy aurait dit « *Maurice Faure est un homme d'exception. J'ai le plus profond respect pour son rôle éminent dans la construction européenne, son engagement politique, le tout charnellement relié au Lot et à la terre.* »

Jean-Michel Baylet : « *Maurice Faure a guidé mes premiers pas en politiques, il m'a appris l'art oratoire. J'éprouve beaucoup d'émotion, ce soir. C'est un homme qui a traversé les Républiques, en gardant ses convictions, son amour de la ruralité. Nous sommes tous ses héritiers.* » Dans le clientélisme ? C'est bien ce que vous souhaitiez avouer ?

Ce n'est pas sa mère qui a guidé ses premiers pas en politiques, à monsieur Baylet toujours connu dans nos campagnes sous un sobriquet peu aimable... « *le veau sous la mère* » ? Même sa page wikipedia le note, avec « fistonné. »

Quant à Jean-Marc Vayssouze « *C'est un grand*

politique, un homme attaché à ses valeurs, un très grand esprit. J'ai vécu, ce soir, un de mes plus grands moments en tant que maire. »
Un grand politique... ce n'est pas forcément un compliment... il l'ignore peut-être puisqu'il semble s'être fait traiter d'inculte par son adversaire de ces municipales 2014.

Gérard Miquel « *C'est un maître en politique. Un homme de parole. J'ai beaucoup appris à ses côtés. Je suis l'un de ses disciples et j'en suis fier.* »
Maurice Faure étant considéré comme « *le symbole du clientélisme lotois* », Gérard Miquel se reconnaissant disciple...
Peu importe sa croix de Commandeur, dans la "famille" Faure, c'est toujours Félix le plus intéressant...

Patrimoine cadurcien, cette porte en bois sculptée bien avant la naissance de Maurice Faure, taguée…

Mort comme Félix Faure

Il est mort
Comme Félix Faure
De qui dira-t-on
Il est mort
Comme Félix Faure ?
Il est mort
Dans l'exercice de ses fonctions

Durant un rendez-vous galant
Monsieur le président
Officiellement en réunion
N'a pas reçu l'absolution

Il est mort
Comme Félix Faure
De qui dira-t-on
Il est mort
Comme Félix Faure ?
Il est mort
Dans l'exercice de ses fonctions

Qui sera la belle intrigante
Millionnaire remuante
Après l'pont d'or des éditeurs
Pour de ses mémoires la primeur ?

Il est mort
Comme Félix Faure
De qui dira-t-on
Il est mort
Comme Félix Faure ?
Il est mort
Dans l'exercice de ses fonctions

1899
Année symbolique
Où l'président d'la République
Meurt d'un rendez-vous érotique

Il est mort
Comme Félix Faure
De qui dira-t-on
Il est mort
Comme Félix Faure ?
Il est mort
Dans l'exercice de ses fonctions

Ce texte fut écrit bien avant l'envie du Parti Socialiste de présenter DSK pour battre Nicolas Sarkozy en 2012.
Donc bien avant les virées en scooter du président Hollande... qui cherchait peut-être tout simplement à croiser Gérard Depardieu, également adepte de ce moyen de déplacement... imaginez, à un feu rouge, côte à côte, deux scooters : François et Gérard... mais non, pas le pape et Miquel... vous imaginez le pape en scooter ?... Quant à monsieur Miquel, pour se garer plus facilement à Saint-Cirq où, depuis la publication de mon livre, le dernier parking gratuit est passé en payant, ce moyen de locomotion lui sera conseillé...

Maurice Faure 92 ans, Jean-Marc Vayssouze-Faure 42 et maire de Cahors... Félix Faure reste le plus intéressant...

La charte de qualité de l'auteur indépendant

Ce livre, réalisé dans l'urgence, peut difficilement être nickel ! Je n'ai pas les moyens de me payer une correctrice ! Quelques coquilles... Donc... bouts de ficelles... aides... et... Ce n'est pas sérieux, vous voyez bien que ce Ternoise est mauvais, qu'il ne mérite pas d'être considéré écrivain par le CRL de Malvy !...

Il n'est même pas besoin d'exhiber quelques textes inutiles auto-édités pour dénigrer l'auto-édition, pratique accusée de mettre sur le marché les pires médiocrités agrémentées des fautes les plus élémentaires d'orthographe ou grammaire, parfois même avec un style d'élève en difficulté du CM1.

Il s'avère néanmoins sûrement exact que les livres vraiment auto-édités dans une démarche professionnelle (mon exclusion de "l'auto-édition réelle" des auteurs qui ne respectent pas un minimum la littérature a toujours dérangé les prétendues belles âmes du secteur pour qui « tout est littérature ») contiennent en moyenne plus de fautes que les livres des éditeurs "traditionnels".

Il ne s'agit pas forcément d'une question de qualité des auteurs mais de moyens. Même le passage par les correcteurs et correctrices professionnels ne permet pas de présenter des œuvres sans erreurs, qu'avant on appelait d'imprimerie. Mais depuis que l'imprimeur reprend un document PDF pour lancer l'impression, les éditeurs qui utilisent encore cet argument semblent miser sur la méconnaissance du grand public.

Monsieur Antoine Gallimard n'a pourtant pas de leçons de qualité à nous donner : la communauté des pirates du livre numérique s'était amusée à corriger l'ebook d'Alexi Jenni, *l'art français de la guerre*, prix Goncourt 2011. Après l'hypothèse de l'utilisation du document PDF imprimeur, mouliné par un logiciel de reconnaissance graphique pour fabriquer la version numérique, des lecteurs de la version papier ont informé le web que ces coquilles se trouvaient également dans leur épais bouquin.

La faculté de corriger rapidement sur l'ensemble du circuit de distribution un ebook constitue un avantage dont la portée ne semble guère avoir été analysée. Dans cette optique, j'ai décidé de récompenser les lectrices et lecteurs qui ne se contentent pas d'une moue de déception face aux erreurs mais les communiquent, en leur offrant un livre de leur choix du catalogue, trois formats disponibles (epub, pdf, amazon). Pas de papier offert ! Seule restriction, pour une question de taille des fichiers et vitesse de connexion à Internet d'un écrivain vivant à la campagne, ne pourront être envoyés que des ebooks dont la taille n'excédera pas cinq mégas, ce qui exclut les livres de photos (sauf ceux dont le PDF reste juste en dessous de la limite possible).

Naturellement, il ne vous faut pas réclamer ce livre ni envoyer les fautes constatées (réelles ! et non les choix comme mettre au pluriel un terme habituellement invariable ou reprendre une lettre d'un personnage dont les fautes d'orthographe constituent justement une caractéristique, ou même une libre violation des temps conseillés de conjugaison !) sur la plateforme d'achat mais à la page contact de www.ecrivain.pro en spécifiant le livre de votre choix, qui vous sera envoyé par mail après vérification des informations transmises. Dans les huit jours après votre achat (références nécessairement communiquées).

Fautes réelles découvertes : un livre offert, l'engagement qualité de l'auto-édition.

Cette offre s'étend à l'ensemble de mon catalogue.

Il reviendrait bien...

Bernard Charles le 23 octobre 2013, dans *la Vie Quercynoise*.

« - Et si cet accord auquel vous faites allusion entre le PS et le PRG n'aboutissait pas ?
- Je n'ose l'imaginer car dans ces circonstances ce serait suicidaire pour la gauche et cela obligerait le PRG à présenter une bonne liste. En tout cas, les Radicaux ne manquent pas d'idées, ni de projets, pour dynamiser la ville.
- Dans ce cas extrême, quelle serait votre position, vous qui souhaitez ne plus vouloir être en situation politique, mais qui êtes sollicité pour reprendre les rênes de la Ville ?
- Dans ce cas extrême et fou, rien n'est à exclure. Je suis prêt à revenir s'il le faut ! »

Revenir pour rendre service ! À qui ?
Dynamiser la ville...

Le 22 juin 2013, leur *dépêche* (toujours des données accessibles gratuitement sur Internet... il semblerait que des articles puissent devenir payants mais je ne varierai pas d'un iota : pas un centime pour ces gens) présentait une photo de Dominique Orliac entourée de Bernard Charles et Guillaume Baldy.... avec les « nouvelles affiches avec les portraits des grandes figures radicales, Georges Clemenceau et Jean Moulin. » Jean Moulin récupéré par les radicaux ! Quant à Clemenceau, comme c'est drôle... j'aime rapprocher cette affiche des propos de Martin Malvy au sujet de son grand-père...

Donc « *La Fédération du Lot du Parti Radical de Gauche a lancé hier une campagne d'adhésion, l'occasion de rappeler ses valeurs et ses propositions. «Notre parti a construit les grandes lois radicales sur l'enseignement laïque, sur la liberté d'expression, mais le PRG d'aujourd'hui, note Dominique Orliac, présidente de la fédération, est tourné vers l'avenir.* »

Ce « *mais le PRG d'aujourd'hui* » semble donc venir en opposition de « l'enseignement laïque, sur la liberté d'expression. » Les mots ont un sens...

Ce PRG, il convenait que tout le monde le sache, avait mis en place un groupe de travail, le Geser (groupe d'étude sociale et radicale) piloté, c'est leur terme « piloté » par Bernard Charles « qui aura pour tâche de préparer les futurs candidats. »

Donc les candidats, au PRG, ils les préparent... au point de ne pas rendre hommage à Clemenceau quand Martin Malvy est dans la salle ?

Si vous vous rendez à un meeting de Jean-Marc Vayssouze (PS mais sûrement également briefé), avec naturellement sa chère Dominique Orliac, en présence du médaillé Martin Malvy, n'hésitez pas à poser au candidat une question sur cette union de la gauche PS-PRG en lui demandant quelques mots d'éloges sur Georges Clemenceau... Il ne doit rien connaître de cette histoire, le jeune et « *inculte* » Jean-Marc Vayssouze... Ce serait un instant merveilleux... Filmez Martin Malvy durant sa réponse...

Inculte ?

« *La municipalité est inculte, et Cahors est dirigé par des nuls, tenant d'une politique à la petite semaine.* » Et ce fut sans doute la phrase la plus importante de cette campagne...

Inculte, un culte, un cultivateur ! Une attaque contre Gérard Miquel l'agriculteur !

« *Une politique à la petite semaine.* » Semaine ou semence ?

« *La municipalité est au cultivateur, et Cahors est dirigé par la petite semence.* »

Rectifier les phrases, ce sera peut-être mon boulot... En tout cas, Staline ne l'aurait jamais accepté. Et comme le résuma Alexandre Soljenitsyne « *Nulle part, aucun régime n'a jamais aimé ses grands écrivains, seulement les petits.* »

Mais il se prend pour un grand écrivain, ce Ternoise même pas digne d'être édité chez Privat ! Finalement, ce livre est également un moyen de vous présenter « *le roman de la révolution numérique* », du 18 juin 2013, réédité fin janvier 2014 avec une préface « édition contrôlée en France », sous le titre « *le roman invisible.* »

Sur le Front National...

Bernard Charles le 23 octobre 2013, dans *la Vie Quercynoise*.

« - Éliminée au premier tour de l'élection cantonale partielle de Brignoles, la gauche a dû se contenter d'appeler à voter UMP au second tour, mais c'est le FN qui l'a emporté. Que vous inspire cette situation ?
- Avouons que cette région n'a jamais été une terre d'élection pour la gauche. Cependant, l'élimination de la gauche au premier tour dénote que les gens en ont marre de la politique. Nombreux sont ceux et celles qui se disent « 10 ans de droite sans que nos problèmes aient été résolus et depuis un an et demi un gouvernement de gauche empêtré dans la crise avec des couacs à répétition, pourquoi ne pas essayer le vote FN ». Il y a un désenchantement de la vie politique, qui conduit à la tentation du vote extrême, alors que le programme du FN ne tient pas ! Vous imaginez les conséquences catastrophiques, que cela aurait pour notre économie, le seul fait de sortir de la zone euro comme le préconise Mme Le Pen. Le programme n'est pas crédible mais il attire des gens, parce que ce parti n'a jamais été au pouvoir. Il faut reconnaître qu'il évoque les vrais problèmes des gens, sans pour autant savoir les régler. Et ne nous méprenons pas, le risque est réel, notamment en raison de la crise mondiale que nous traversons, de voir des personnes se laisser aller à de telles dérives, lors des prochaines municipales. »

Mais oui, Bernard ! Juste « *un désenchantement* »,

nous étions enchantés !... Nous nous sentons plutôt entubés... « *notamment en raison de la crise mondiale que nous traversons.* » Finalement, un peu le même discours qu'au FN... pour madame Le Pen nos maux viennent de l'Europe, pour monsieur Charles de la crise mondiale. Les méchants, ce sont bien les autres, le responsable est toujours l'extérieur.

Le lien entre des élus et le groupe Fabre, par exemple, ne contribuerait pas à dégoûter des électeurs même de gauche ? Des élus en place depuis des décennies, prétentieux et mesquins, naturellement, ces gens-là sont des Républicains !... Mais il arrive un jour où les actes doivent suivre les paroles... Paroles républicaines, politique mafieuse... montée des extrêmes...

Quand un programme n'est pas crédible mais qu'il attire « des gens », que font les élus ? Ils continuent. En pensant, ne nous inquiétons pas, on agitera 1933 et ils voteront pour nous... Oui, les gens en ont marre de ces notables... C'est bien la classe politique qui doit être changée, mais pas avec de jeunes clones des aînés coupables. Qui osera, un seul exemple, lancer une demande à la Suisse de situation fiscale sur l'ensemble des députés, sénateurs, présidents de régions et départements ?... J'en demande trop ? Le risque de séisme est trop élevé ? La cinquième République s'effondrerait ? Hé bien, puisqu'il faudra un jour passer à la sixième...

Que retiendra-t-on de la cinquième république ? Le clientélisme, l'eau contaminée, l'amiante, les oligarchies triomphantes...

Selon les plumes lotoises Laurent Benayoun, Jean-Luc Garcia, Nicolas Perrin : « Pas de liste pour le Front national »

René Ortis, délégué du Front national pour le Lot, leur aurait confirmé : « Nous ne présenterons pas de listes pour les municipales dans le Lot (...) Nous avons des adhérents à Cahors, mais ils ne veulent pas trop se montrer. Ou ils trouvent des excuses. Nous avions aussi du mal à trouver une tête de liste.»

Marine Le Pen, en visite à Rocamadour, avait récemment espéré concourir à Figeac et Cahors.

Ton livre, pour qu'il se vende, il aurait fallu...

Ton livre, pour qu'il se vende, il aurait fallu qu'il soutienne ouvertement un candidat. Tu dégommes JMVF... Enfin, presque, je n'ai pas compté mais le nom Miquel revient nettement plus souvent... (c'est logique) peut-être, et ce n'est même pas le problème... tu dégommes Malvy, Baylet, Amigues, OK... mais c'est pas un livre que les militants de droite seront fiers de brandir au nez du PRG-S... (je suis au service de qui ? personne... j'expose une impasse... que celles et ceux qui comme moi veulent en sortir agissent... désolé monsieur Hulot, monsieur Hureaux ne me semble pas porter mes espoirs de changement) si tu laisses ce lapsus, tu exagères... (Hulot Hureaux, Godot Debuisson, accorde-moi une certaine cohérence...) Forcément, je te comprends... mais ils vont t'en vouloir... peut-être pas autant que Martin Malvy... Ellen Dausse, elle a l'air rancunière... t'es même grillé au centre ! (je n'en sais rien... si c'est le cas, c'est son problème, pas le mien !) et ça va encore être un bide... t'en as pas marre de publier des livres qui ne se vendent pas ? (tiens, ça pourrait être le titre du suivant !) Un livre, surtout politique, il faut choisir son camp... (j'ai choisi le mien... je n'y peux rien s'il n'est pas représenté aux municipales de Cahors !) Tu ne penses pas avoir eu tort de te lancer dans ce projet ? (y'a des idées qui tournent et finalement te prennent et ne te laissent qu'à la fin, quand le livre est écrit... donc j'en fais quoi, poubelle ou papier et numérique ?) Mais tu ne te plaindras pas de ne même pas dépasser 12 ventes ? (sûrement qu'un autre projet m'emportera, peut-être même avant la sortie en papier de celui-ci !)

Comment sortir de l'impasse PRG-S ?

Je n'ai aucune solution. Pourtant je m'intéresse au problème depuis des années. Malvy, Miquel, Amigues, auront des "enfants"... Tant que l'empire Baylet prospérera, la situation perdurera ?
Naturellement, si "la droite" a laissé faire, c'est qu'ailleurs, avec Hersant et Dassault, elle tenait d'autres presses régionales...
Bernard Tapie se verrait bien le Baylet du sud-est... D'ailleurs il porta les couleurs du PRG... Encore un grand homme de gauche...
D'ailleurs Robert Hersant, condamné en 1947 à dix ans d'indignité nationale pour collaboration avec l'Allemagne nazie (il bénéficia d'une amnistie générale en 1952... rappel, Louis Malvy est décédé en 1949), est passé par le Parti radical-socialiste... Les valeurs du radicalisme...

Je n'ai aucune solution. Mais je la sens, la colère... tellement brouillonne... Comment faire ? Quand je développe mon analyse de l'oligarchie, voilà, c'est le mot qu'il fallait... On fait quoi ? Tellement de structures fonctionnent sur ce procédé oligarchique... et quand tu es à la tête d'une oligarchie, tu souhaites grimper dans celle au-dessus, naturellement en continuant de contrôler ton acquis...

Je n'ai aucune solution. Pourtant la France continue de tenir. Le Président n'a même pas été obligé de dissoudre l'Assemblée après les "incroyables révélations" sur Cahuzac Jérôme. L'ancien maire de Villeneuve-sur-Lot est-il un "un ami de jeunesse" de Brice Gayet, professeur de pathologies digestives ?... et père de Julie Gayet, qui semblerait depuis quelques années soutenir de tout son être M. François Hollande. Le Président a remis sa distinction à Malvy Martin sans aucune manifestation. Aurélie Filippetti ne sera pas huée comme représentante des intérêts de Lagardère au Salon du Livre de Paris. Il est déconseillé de prendre dans ses mains l'eau d'un ruisseau pour la porter à ses lèvres. Geste ancestral. Un français consomme en moyenne 1,5 kilo de pesticides par an. Nos pathologies digestives pourraient également provenir d'un ras-le-bol général...

Est-ce que la démocratie serait préférable à l'oligarchie ? À la sacem, une des organisations oligarchiques les mieux organisées, les installés prétendent que seule l'oligarchie est capable de défendre le droit d'auteur. Oui, c'est pour notre bien, partout, si l'oligarchie confisque le pouvoir... mais dans toute oligarchie un besoin d'oppression s'impose rapidement...

Se dire de gauche

Ils ont compris
Qu'il suffit
D'se dire de gauche
Pour s'en mettre plein les poches
Tout en dénonçant
Les excès de l'autre camp

Conseillers généraux
Conseillers régionaux
Un bras d'honneur
À certains sénateurs
Et dans des mairies se sont repliés
Des anciens ou futurs députés
Longue vie
Aux baronnies

Comme ça en jette
L'étiquette
Je suis de gauche
Les autres leurs pensées sont moches
Donnez-moi du temps
Vous verrez que j'aime les gens

Conseillers généraux
Conseillers régionaux
Un bras d'honneur
À certains sénateurs
Et dans des mairies se sont repliés
Des anciens ou futurs députés
Longue vie
Aux baronnies

On sait tous ça
Mais tais-toi

C'est mieux la gauche
Même quand l'élu n'est qu'une cloche
Faut choisir son camp
Fermer les yeux bien souvent

Démocratie
On te nie
Honte à tous ceux
Qui font les extrêmes heureux
Tolérer ces gens
C'est se détruire lentement

Conseillers généraux
Conseillers régionaux
Un bras d'honneur
À certains sénateurs
Et dans des mairies se sont repliés
Des anciens ou futurs députés
Longue vie
Aux baronnies

Il s'agit d'un "vieux" texte... Je pourrais en rechercher la date de dépôt à la sacem... Laissons ce genre de travail aux étudiants !... Je plaisante... les parents des étudiants qui pourraient s'intéresser à mes écrits ne sont pas nés... C'est mon versant Stendhalien... demandez au cultivé, il va vous expliquer...

Présence sur Internet

Jean-Marc Vayssouze : www.cahors-avance.fr

Roland Hureaux : www.pourcahors.fr

À Cahors, l'humain d'abord :
http://acahorslhumaindabord.blogspot.fr et
https://www.facebook.com/acahorslhumaindabord

Cahors à gauche, une annonce :
http://lot.pcf.fr/50294
J'ai finalement déniché :
http://www.cahorsagauche.fr

Pour ces quatre listes, Internet semble se résumer à une mise en ligne des données en papier avec quelques vidéos sûrement sans réel intérêt... Je l'ignore pour les vidéos, vivant à la campagne, où alsatis nous fut présenté comme du haut débit, 512k descendant, naturellement insuffisant pour visionner de tels documents. Ce qui peut se comprendre pour le candidat soutenu par la *dépêche* du midi mais semble une grave erreur pour les autres.

Frédéric Dhuême utilise sa page facebook
https://fr-fr.facebook.com/frederic.dhueme

Ellen Dausse, sur son site http://www.ellen-dausse.fr, n'a pas abordé cette candidature... il semble bloqué aux législatives 2012. Presque un aveu. Y a-t-elle vraiment cru à sa candidature ?

Guy Debuisson... @GuyDEBUISSON est arrivé sur twitter le 29 janvier...
« Candidat à la mairie de Cahors (mars 2014) - Mon parti, c'est Cahors !
Cahors »
Au 21 février, 10 abonnements, 37 abonnés, trois tweets :

20 février :
https://www.facebook.com/guy.debuisson.5
29 janvier : *Je rencontrerai les Cadurciens vendredi et samedi avec grand plaisir !*
#debuisson2014 #Cahors
29 janvier : *Adresse de ma permanence : 39 rue JOFFRE 46000 Cahors*
Horaires d'ouverture : 11h-12h30/15h-19h

Puisque j'en suis à twitter :

Roland HUREAUX
@HureauxRoland
« Candidat UMP à la Mairie de Cahors »
Premier tweet le 28 décembre 2013 :
Bonjour, j'espère que vous avez passé de bonnes fêtes de Noël. Candidat à la mairie de Cahors, vous pourrez suivre ma campagne sur Twitter.

Au 21 février : treize tweets, 10 abonnements, 37 abonnés

Frédéric Dhuême ; 1279 tweets, 72 abonnements, 28 abonnés
« *Le SDF-écrivain, entré en insoumission dès l'âge de raison. Je suis né en gueulant, je mourrai en dégueulant ! ..*
Mort et Vif !! · youtube.com/watch?v=wnuJRE... »

Ellen Dausse @EllenDausse
Au 21 février, 772 abonnements, 534 abonnés, 272 tweets.
« Radicale, humaniste, inspecteur à l'Éducation nationale, Présidente Parti Radical 46, secrétaire nationale du Parti Radical chargé de la réussite éducative.
Lot, France · ellen-dausse.fr »

Les trois derniers :

25 janvier : *Il y aurait il une justice enfin ? Vice président de l'UDI 46 exclu par la CNAT !*
25 janvier : *Les anciennes candidates aux législatives #PartiRadical créent"les blondes pour la république":déçues et non soutenues(brunes bienvenues)*
25 janvier : *Bureau national du Parti Radical et Comex aujourd hui a 14h*

Du 26 janvier au 21 février, rien donc... « *les blondes pour la république* » sourire... Elle fut pourtant bien soutenue pour obtenir l'investiture nationale contre la majorité de son parti local...

Aucun compte twitter trouvé pour : Yannick Le Quentrec, Jean-Marc Vayssouze, Jean-Marc Vayssouze-Faure, Isabelle Eymes.
Tous figurent sur facebook.
Et c'est en passant par facebook que j'ai trouvé un lien vers le compte twitter de "JM Vayssouze-Faure - jmvayssouze"
(Maire de Cahors - Président du Grand Cahors), Inscrit le 20 mars 2013... 8 tweets, le dernier le 20 juin. 25 abonnements 44 abonnés.

Intéressant d'observer que le compte @Fedeps46 du « Parti Socialiste Lot (Fédération du Part Socialistes du Lot) » présente en image de fond... Saint Cirq Lapopie...

Aucune des listes en compétition n'a su utiliser Internet.

Naturellement, le PRG-S sait pouvoir compter sur le quotidien libre de choisir qui il soutient.

Mais les autres ?

Pour les prochaines échéances, il conviendrait donc de savoir installer une présence républicaine sur le net...

L'union des Républicains, Internet : deux axes de réflexions...

Dominique Orliac... doit-on en sourire ?

Dans l'isoloir, les gens n'ont plus de mémoire ?

« Dominique Orliac s'est déclarée «disponible» pour aider dans la campagne : «Il faut que Jean-Marc continue le travail entrepris depuis six ans. Nous apporterons nos idées dans le projet à bâtir ». »
Selon Laurent Benayoun « Cahors. PS et PRG s'unissent pour gagner sans trembler » publié le 21 décembre 2013.

Fin janvier 2008, Laurent Benayoun, déjà, lançait la campagne de la *dépêche* : « *Élections. La députée PRG a présenté sa liste hier soir.* » Toute l'équipe derrière pour « *La gagne... dans une permanence bondée et une ambiance bonne enfant, la députée a présenté ses colistiers.* »
Certes, elle a perdu... et il y eut surtout la manière...

« Cahors. La députée Dominique Orliac molestée par des militants socialistes » publié le 7 mars 2008 par le quotidien habituel soutien de son parti. Et une belle page de l'histoire cadurcienne nous était narrée, il ne manquait plus que la descente du diable du haut de la tour du pont Valentré : *« Ségolène Royal, venue hier dans la préfecture lotoise, a goûté aux affres des divisions intestines à gauche.*
Après sa sortie de la permanence de Jean-Marc Vayssouze peu avant 11 heures, l'ancienne candidate à l'élection présidentielle a remonté le boulevard Gambetta. Elle voulait faire « une petite balade ».

À la hauteur de la place François Mitterrand, Dominique Orliac, candidate du PRG aux municipales, s'approche du cortège. [tintintin... petite remarque du vilain Ternoise] *De fortes huées et des injures pleuvent. Certains militants socialistes empêchent alors la députée d'approcher Ségolène Royal. L'épisode, qui dure environ trois minutes, est musclé. La parlementaire est molestée par René-Claude Loock, militant PS à la carrure imposante, qui la ceinture, et la repousse sur la chaussée. Le ton monte. Dominique Orliac, toujours fortement encadrée par les socialistes, fait valoir son bon droit : « Je siège au groupe socialiste de l'Assemblée nationale comme apparentée, j'ai toujours soutenu Ségolène Royal et j'ai appelé à voter pour elle aux présidentielles. J'ai le droit de l'accueillir à Cahors dont je suis la députée !» Ségolène Royal voit l'incident sur sa droite comme l'ensemble du cortège. Elle continue néanmoins sa route, accélérant le pas. »*

Magnifique Bécassine ! Oui, je suis quand même le créateur de ce concept en 2006... néanmoins un journaliste du Monde se l'attribua plus tard... mais vous n'avez pas entendu la chanson *Ségolène*, parodie de *Bécassine*, interprétée par Frédérique Zoltane dans le « *CD Sarkozy selon Ternoise* », un collector...

Puis il y eut le dernier meeting des radicaux... toujours narré par les connaisseurs...

« Autour de Jean-Michel Baylet, président national, de Bernard Charles, l'ancien député maire, ils étaient 250 à porter Dominique Orliac pour ce premier tour. Et au delà si les Cadurciens le veulent.

Une foule compacte, chaleureuse et remontée par l'incident du matin. Jean-Michel Baylet ne pouvait laisser passer l'affront : « Ce qui s'est passé est scandaleux, s'est écrié le président du conseil général du Tarn-et-Garonne. N'importe quel citoyen peut se promener sur le boulevard Gambetta, fut-il député ! Même chez Poutine, on a le droit de marcher sur la Place Rouge ! ». Le coup porta. Et Jean-Michel Baylet put dérouler, avec fougue, les qualités de son « amie Dominique. Vous avez la chance rare d'avoir une élue extraordinaire, symbole de laïcité, de tolérance, de solidarité. Comment se priver de Dominique Orliac comme maire de Cahors ? ». (...)

Dominique Orliac... Elle a envoyé une de ses flèches à Gérard Miquel, très durement critiqué : « La loi sur le cumul des mandats est la même pour tout le monde. Monsieur Miquel le sait bien qui est sénateur et président du conseil général et qui voudrait que cela me soit impossible d'être députée et maire ». »

Quand le PS de Cahors se comportait comme un Poutine... selon monsieur Baylet... Pourtant ces gens-là sont maintenant à la mairie...

Entre les deux tours ce fut encore plus drôle, je ne pouvais pas en douter après avoir assisté à la fête socialiste...

« Cahors. À gauche, le PS et le PC font alliance sans le PRG » du 12 mars 2008.

« Lundi soir, au siège de la fédération, en bas du boulevard Gambetta à Cahors, Dominique Orliac et

Fabrice Diot font face à Jean-Marc Vayssouze, Gérard Miquel, Geneviève Lagarde, Serge Munté… L'ambiance n'est pas aux embrassades: « Un tribunal », dira Dominique Orliac. Les socialistes (32,54 % au premier tour), en position de force, ne veulent rien lâcher. Ils savent que l'accord est quasi bouclé avec les communistes et leur 11,48 %. (…) »

Puis il nous narre mardi matin, où l'empereur sa femme et le petit prince… je vais vous perdre… où à midi, Jean-Marc Vayssouze est sorti du bureau de la fédération du PS avec la nouvelle liste « *Changeons vraiment* » : six communistes dont deux en places d'adjoints (Serge Laybros et Marie Piqué).

« Les discussions avec les radicaux étaient donc closes « C'est non, tranche Gérard Miquel, un président du conseil général bien remonté. Les radicaux feront ce qu'ils voudront. Les Cadurciens ont choisi le renouveau et des pratiques politiques différentes ». Tout près de lui, Jean-Marc Vayssouze tend sa nouvelle liste : « Je voulais bien négocier mais je dois prendre mes responsabilités, annonce celui qui est arrivé largement en tête dimanche. J'ai tout essayé mais je voulais être sûr de ma majorité ». »

Miquel déjà aux manettes entre les deux tours… nul ne pouvait se tromper sur l'identité du véritable chef… Il y aurait même eu un appel de François Hollande, pour l'union… mais qui se souciait de l'avis de FH 2008 ? L'avenir du PS c'était des gars comme DSK, Cahuzac…

« De fait, Jean-Marc Vayssouze, poussé par Gérard

Miquel et sa base n'a jamais souhaité trouver un accord avec les radicaux » semble regretter le chroniqueur, déjà Laurent Benayoun, plutôt que de simplement raconter.

« *Dominique Orliac ne décolère pas : « Les socialistes font comme pour les discussions sur l'accord pour les municipales, regrette Dominique Orliac. Ils proposent des choses inacceptables. La proportionnelle nous donnait sept éligibles dont deux adjoints. Nous avions accepté la fourchette basse. Mais on ne veut pas se laisser piétiner, humilier. C'est le PS qui porte la responsabilité de la désunion. Néanmoins j'en appelle au rassemblement de la gauche. J'ai toujours porté des valeurs de gauche ». Hier soir, Slim Lassoued, président du comité de soutien de Dominique Orliac appelait également au rassemblement de la gauche et la nouvelle liste « pour battre la droite ». Mais entre radicaux et socialistes la rupture semble consommée. Hier soir, dans un communiqué, la députée se montrait sévère : « Le PS nous reproche de n'avoir pas respecté un accord alors qu'il nous a proposés à nouveau, et donc par deux fois, l'inacceptable. La stratégie du PS est bien d'éradiquer les Radicaux de Gauche et d'éliminer toutes les autres sensibilités politiques de gauche ». La tension entre PS et PRG est à son comble.* »

Voilà au moins une phrase à retenir de Dominique Orliac... pour le jour où Gérard Miquel lui remettra une médaille : « *La stratégie du PS est bien d'éradiquer les Radicaux de Gauche et d'éliminer toutes les autres sensibilités politiques de gauche.* » Si Roland Hureaux ou Stéphane Ternoise résumait

ainsi, il serait accusé de pamphlétaire !
(http://www.pamphletaire.com)

Alors selon Monsieur Miquel « *les Cadurciens ont choisi le renouveau et des pratiques politiques différentes* » ! Pourtant les « *pratiques politiques* » semblent toujours les mêmes... Peut-être parce que je ne vois pas que le gâteau a été distribué différemment... c'est cela « *des pratiques politiques différentes* » ?

Éradiquer les Radicaux...

Ce fut sans doute le point du programme de Jean-Marc Vayssouze le plus attendu : « éradiquer les Radicaux. »

Il s'agit bien d'une confidence de Dominique Orliac, députée, dans leur *dépêche* du 12 mars 2008 : « *La stratégie du PS est bien d'éradiquer les Radicaux de Gauche et d'éliminer toutes les autres sensibilités politiques de gauche.* »
On pouvait alors la croire masochiste puisqu'elle appelait... à un rassemblement de la gauche « pour battre la droite. »
Ou alors, avait-elle une grande conscience de sa nuisance ?...

Néanmoins, en 2012, le PS a appelé à voter pour cette radicale aux législatives. Qui comprend cette logique ?

Peut-on éradiquer les radicaux sans en finir avec sa *dépêche* ?

Ah « éradiquons les radicaux... » quel beau refrain pour une chanson ! Et non les rats d'Ycot.

Geneviève Lagarde... la femme du lot ?

« *Une émouvante cérémonie s'est déroulée jeudi soir au conseil général. Michel Hibon, président-directeur-général de Groupe Cahors a remis les insignes de Chevalier de l'ordre de la légion d'honneur à Geneviève Lagarde, avocate honoraire, première adjointe au maire de Cahors, vice-présidente du conseil général.* »
Selon « *La Pravda du Midi* » (pour reprendre l'expression de François Bonhomme, maire de Caussade) du 16 novembre 2013.

Tout le monde n'a pas l'honneur de recevoir ses insignes à l'Elysée...
Michel Hibon, présenté « *grand capitaine d'industrie* » et « *parrain et ami de la récipiendaire* » par Jean-Claude Bonnemère de la *Vie Quercynoise*.
J'aimerais comme lui ne pas apporter de bémol à sa conclusion :
« *L'occasion pour elle de rappeler la richesse cosmopolite de la France avec une population d'origine plurielle. Et c'est la fibre militante qui se tend à nouveau avec un vibrant plaidoyer contre le racisme et en faveur de la tolérance.* »
Ostracisme, intolérance triomphent pourtant... ces gens n'aiment pas qu'on suive une autre route qu'eux (salut à Georges, Brassens)

Retour à leur *dépêche* : « *Comment parler de moi sans évoquer les événements de mai 1968, auxquels l'adolescente que j'étais a participé. Ce printemps s'en est allé, je suis heureuse d'en avoir conservé les stigmates subversifs. Qui ne se souvient pas de formules telles que "l'imagination prend le maquis."»*

Dans le Lot, oui, en 2014, l'imagination doit toujours prendre le maquis. Je suis né, en 1968... et peut-être qu'effectivement il me reste des stigmates subversifs... sûrement pas les mêmes...

Nous en sommes là. Les "militants" de mai 68 arborent leur légion d'honneur et les écrivains nés la même année vivent de peu, et même moins.

Vos « stigmates subversifs » montrez-les un peu à Gérard Amigues !

Comme lui, Geneviève Lagarde est étiquetée PS.

Nous finirons 2014 avec Geneviève Lagarde à la tête du département, Gérard Miquel du Grand Cahors et Martin Malvy au Grand Figeac ?

Et Dominique Orliac du PRG, députée.

Sur quels critères se décideront les cadurciens et cadurciennes ?

Les débats, les chiffres qu'on se balance... ça amuse la galerie... Mais finalement, les électrices et les électeurs de Cahors, sans illusions, voteront pour ceux qui leur présentent la meilleure perspective : irriguer Cahors avec de l'argent départemental et plus intensément celui des communes du "Grand Cahors." Le Couple Miquel / Vayssouze offre alors les meilleures perspectives. Une politique à long terme ? Plus personne n'y croit ! Alors ?
Alors, lotoises, lotois, en 2015, il s'agira de renouveler le Conseil Général dans des cantons remodelés, où "la parité" est une nouvelle fois utilisée pour contrôler la vie politique... j'y reviendrai...

Pour le Lot, il n'est pas bon que le Grand Cahors, le Grand Figeac et le Département "appartiennent" au même clan... Oh les sentiments de Miquel pour Malvy doivent s'apparenter à ceux qui semblaient unir Miquel et Maury ou Miquel et Orliac... mais dans la realpolitik Midi-Pyrénéenne ils savent se partager les gâteaux...

Martin Malvy et la Dépêche du Midi

Dans *l'Express* du 19 octobre 2011, avec en couverture « *le vrai pouvoir de La Dépêche du Midi* » et une photo de M. Jean-Michel Baylet, vous vous souvenez du constat mis en exergue « *Si l'information n'est pas dans* La Dépêche, *elle n'existe pas, ce sont les avantages d'un monopole.* » M. Jacques Briat y résumait la vie dans notre région.

Néanmoins, il est impératif de rappeler la délibération du Conseil Constitutionnel pour l'opposer à toute personne suffisamment inconsciente pour oser déplorer un problème démocratique dans la région : « *Considérant que la presse écrite est libre de rendre compte, comme elle l'entend, de la campagne des différents candidats comme de prendre position en faveur de l'un d'eux ; que, dès lors, le grief tiré de ce que La Dépêche du Midi aurait apporté son soutien à la candidate élue et n'aurait pas évoqué la campagne du requérant doit être écarté.* »
Même la plus haute juridiction conforte ce système donc, à genoux ! Les valeurs du radicalisme !

M. Malvy Martin débuta sa carrière politique tout en suivant la campagne pour la *Dépêche du Midi*. Il était journaliste. Ce qui, selon lui, n'a jamais posé le moindre problème.

M. Martin Malvy et la *Dépêche du Midi*, une longue histoire d'amour : « *J'ai d'ailleurs essayé très vite, dès mon bac en poche, d'entrer à la* Dépêche du Midi, *tout en poursuivant mes études. Jean Baylet*

143

nous a bien reçus, mon père et moi, mais m'a conseillé de ne pas me montrer aussi pressé : « je veux bien vous accueillir, mais faites vos études d'abord, c'est plus sérieux. » »

Quant à son entrée en politique, candidat aux législatives de 1968, jeune journaliste à la *Dépêche du Midi* il prétend avoir exprimé des réticences... mais Denis Forestier *« levait la séance en me lançant ainsi qu'aux autres : « viens, on y va. » Comme je lui demandais où, il me répondit : « tu verras. » Ce n'est que dans la voiture qu'il me dit : « on va à Valence-d'Agen. J'ai appelé Évelyne-Jean Baylet. Elle nous attend. » Veuve de Jean Baylet, elle avait pris les rênes de La Dépêche qu'elle tenait avec autorité. J'ai toujours eu de l'admiration pour cette femme, agrégée de français et latin, qui n'a eu de cesse de respecter et de perpétuer la ligne politique de La Dépêche du Midi (...) Voilà comment je me suis lancé en politique. »*
Est-il utile de commenter ? Adoubé par la grande prêtresse du radicalisme ! Si j'avais raconté ainsi on aurait pu croire que je le chargeais ! Mais cigarettes et whiskies et monsieur Malvy balance, dans son "œuvre" de 2010... *« La ligne politique de La Dépêche du Midi »* ne doit pas s'extrapoler en "journal politique." Nuances. Néanmoins il existe bien une *« ligne politique de La Dépêche du Midi. »* Selon Martin Malvy qui s'y connaît sur ce sujet.

Le père, la mère, et le fils, toujours connu sous le sobriquet de *« veau sous la mère »* chez les "jaloux", ces mauvaises langues de notre région (qui malheureusement, dans l'isoloir, votent très souvent avec habitude et fatalisme) : *« Jean-Michel*

Baylet avec qui j'entretiens des relations amicales et politiques depuis longtemps avait été l'un des premiers à me pousser à me représenter » (en 2010) Sûrement n'a-t-il jamais eu à s'en plaindre ! (quelle part du budget communication à la Dépêche ?)

Un sublime passage d'anthologie sur le cumul journaliste à *la Dépêche* de Cahors et homme politique du Lot : « *Quand je suis devenu chef d'agence à Cahors, j'ai essayé de m'en tenir, autant que faire se peut, à une certaine neutralité dans le traitement des campagnes électorales. Si mes souvenirs sont bons, quand j'accordais cent lignes à Bernard Pons, je m'en accordais le même nombre. À la réflexion, je me demande si c'est tout à fait exact. Ce dont je suis sûr, c'est que je n'étais pas mieux traité que les autres candidats de gauche dans la région.* »

Ce dont nous devons être sûrs, c'est qu'il traitait aussi bien les autres candidats **de gauche** de la région que lui... Un jeune journaliste doit faire ses preuves... (d'un total dévouement à « *la ligne politique* » ?)

Mais il y a une chute, une relance des journalistes. Et elle mérite son kilo de truffes.

« *- Vos adversaires n'ont jamais mis en avant cette double casquette ?*

- Non, cela n'a jamais été un argument de la droite dans le département. »

Vais-je chercher une rime à truffes ? Vu sous un certain angle, il a raison : qu'il soit ou non journaliste à leur *Dépêche* n'y changeait pas grand chose car comme il le déclara « *Ce dont je suis sûr, c'est que je n'étais pas mieux traité que les autres candidats de gauche dans la région.* » Il n'était qu'un pion du grand échiquier de cette gauche, la droite aurait "frappé sur sa double casquette" que ça n'y aurait rien changé ! Le problème n'était nullement le jeune Malvy mais le système de cette gauche avec la ligne politique de leur Dépêche omniprésente. M. Malvy Martin ose même « *Il y a du service public dans la presse régionale.* » Mais quand faire de la politique consiste à rendre service, le service public n'est sûrement pas au service de l'ensemble du public.

Presque en conclusion (page 219) M. Martin Malvy pense « *je me suis dit qu'il s'était effectivement créé entre les Midi-Pyrénéens et moi une relation particulière.* » Mais je doute qu'il s'en avoue un jour la réelle particularité : selon moi, une forme de fatalisme, plutôt lui que Jean-Michel Baylet. Est-ce que Dominique Baudis regrette de ne pas s'être impliqué dans la région ? Il semble avoir été le seul qui aurait pu nous épargner ces trois mandats... 2015, réveillez-vous !

Les liens entre la presse et la politique me semblent relever du risque de conflits d'intérêts. La presse d'information peut-elle tenir son rang de quatrième pouvoir quand elle suit une « ligne politique » ? Cette presse doit-elle être soutenue par la collectivité comme presse d'information ? Ou s'inscrire dans la presse également utile mais différente, "la presse politique" ?
Je doute que M. Hollande empoigne ce dossier. Le problème avec ce quotidien me semble relever du mélange des genres, susceptible de ne pas toujours être bien compris par les électrices et électeurs.

L'argent aux éditeurs de la région Midi-Pyrénées

En 2002, le budget annuel du *Centre Régional des Lettres* était noté sur leur site : près de 4 millions de Francs. Désormais, plus un chiffre ! Il est vrai que depuis cette époque les frais de personnel ont explosé, avec six salariés à temps plein alors qu'en 2002, une femme très aimable mais sans responsabilité, semblait seule gérer "la boutique", en intérim « *depuis trois ans... on ne me demande pas mon avis... je fais tourner mais je n'ai aucun pouvoir de direction.* » Six salariés, sûrement très occupés... Quel coût mensuel ? Sûrement plus de 20 000 euros. Des charges de personnel énormes, comparées au service effectif à la culture rendu.

Même le budget global de l'aide aux éditeurs n'est pas communiqué, néanmoins le *"Rapport d'activité & Rapport financier 2011"* au niveau des organismes associés, le "IV CENTRE REGIONAL DES LETTRES (CRL)" note quelques informations dont un regard sur le salon du livre de Paris qui a le grand mérite d'énoncer un bilan mais sans en tirer les bonnes conclusions !

« *A partir de cette année, la décision a été prise en concertation avec la Région Midi-Pyrénées de ne pas avoir de stand collectif régional au Salon du Livre de Paris : coûts trop élevés, bilans très contrastés des éditeurs, avenir incertain du Salon. Par contre, pour permettre aux maisons d'édition de se rendre à des salons, foires du livre ou manifestations littéraires hors région ou à l'étranger (Salon du Livre de Paris compris), le dispositif d'aide aux déplacements hors région a été renforcé. Vingt et une maisons d'édition régionales ont ainsi été aidées pour un montant global de 46 637 euros.* »

Certes 46 637 euros octroyés aux éditeurs (uniquement dans le dispositif des aides aux déplacements), c'est peu face aux salaires annuels mais énormes par rapport au rien de l'auteur-éditeur. L'argent de la distorsion de concurrence.

Sur le site du CRL, à la page "*Soutenir la création et la chaîne du livre*" figure toujours en 2013 :

« *2. Editeurs : présence à Vivons Livres ! Salon du livre Midi-Pyrénées, aides aux déplacements hors région (entre autres le Salon du livre de Paris), aides à la fabrication et à la traduction, toutes versées par la Région Midi-Pyrénées.*»

Est-ce totalement incohérent ?

Naturellement, il existe toujours une logique dans les politiques de ce genre d'organismes. Mais comme elle n'est pas clairement énoncée, le chroniqueur indépendant doit émettre des hypothèses. La disparition du « *stand collectif régional au Salon du Livre de Paris* » où de nombreuses petites structures semblaient pouvoir prendre place, au profit d'une aide aux déplacements... donc des structures qui ont les moyens de se déplacer ?... Ne serait-ce pas un moyen d'éviter que de petits éditeurs "insignifiants" saisissent l'occasion pour essayer de se montrer ? Donc une volonté de limiter aux plus grosses structures les aides pour le salon du livre de Paris ? J'aimerais naturellement obtenir des réponses de M. Malvy Martin sur ce sujet... Par exemple, les *éditions Privat* ont participé au salon du livre de Paris 2013. Quelle aide ont-ils reçu ? Mystère !

J'ai "naturellement" toujours dénoncé cet argent public dilapidé pour permettre à certain(e)s un séjour parisien. Mais pas un mot sur les responsables de cette erreur ni sur le coût total ! Juste : « *A partir de cette année, la décision a été prise en concertation avec la Région Midi-Pyrénées de ne pas avoir de stand collectif régional au Salon du Livre de Paris : coûts trop élevés.* » Il faudrait sûrement les en féliciter... Mais comme remarqué, aucune économie : une autre répartition des sommes. Et les erreurs d'hier (puis-je appeler cela erreur ou dois-je simplement féliciter la décision) n'empêchent nullement monsieur Malvy de justifier sa politique actuelle d'exclusion des travailleurs indépendants de toute possibilité d'accès aux bourses publiques alors qu'éditeurs "traditionnels" et libraires "traditionnels" bénéficient d'abondantes aides (les déplacements ne sont qu'un exemple, le seul chiffré déniché), tout comme les écrivains inféodés à ce système. Le montant des bourses et le nom des auteurs qui ont bénéficié d'aides, sont notés sur leur site. Etonnant, non ? L'argent aux auteurs doit être mis en avant, tandis que celui aux libraires et éditeurs se transmet discrètement...

La discrétion est essentielle dans nos métiers, comme susurrait peut-être monsieur Cahuzac !

Il semblerait étonnant que les éditions *Privat* n'aient bénéficié d'aucune aide depuis l'entrée en fonction de M. Malvy, alors qu'elles répondent aux critères d'attributions (même consultées pour les définir !) et participent activement à la vie du CRL.

Leur présence au salon "*Vivons Livres !*" est avérée, ce qui constitue indéniablement un soutien à leur activité. Alors qu'il me fut répondu « *Votre qualité d'auteur-éditeur ne nous permet pas de vous intégrer à ce Salon, qui est limité aux éditeurs professionnels de Midi-Pyrénées.* »

Liens éditions Privat - Dépêche du Midi

Les liens entre les éditions *Privat* et leur *Dépêche du Midi* sont d'abord capitalistiques même si l'on peut considérer "dérisoire" une participation de 6% mais selon l'*Express* (octobre 2011) Pierre Fabre figurait au rang des administrateurs du groupe *la Dépêche* ou de l'*Occitane de communication...* les informations sont floues et rares ! Mais peu importe finalement...

Les publications des éditions *Privat* sont-elles systématiquement présentées dans leur *Dépêche du Midi ?* Je n'ai lu sous l'article consacré à monsieur Malvy (livre 2013 : « *Pour décoincer la France : Décentralisons !* », en collaboration avec Nicolas Bouzou, économiste, chez Privat), aucune mise en garde du genre "attention, actionnaire commun entre les parties en présence." Non, ce genre de précision n'est pas nécessaire dans un pays où les journalistes sont libres d'écrire sur Ternoise comme sur Malvy ? Si ceux de la *Dépêche du Midi* préfèrent présenter à leur fidèle lectorat les œuvres du Président du Conseil Régional et ignorer les miennes, c'est leur choix de presse libre et indépendante, que je me permets néanmoins de signaler, ès chroniqueur vraiment indépendant.

Jean-Nicolas Baylet, le fils de Jean-Michel, devenu en janvier 2011 (à 26 ans) directeur délégué auprès de la direction générale du groupe, son numéro 3 (après son père et Bernard Maffre), revenait alors d'une année en Argentine... les voyages forment la jeunesse... dans une filiale du groupe pharmaceutique Pierre Fabre...

On habitue les enfants à côtoyer les partenaires. Cela vous rappelle Martin amené par son père chez Jean ? On se connaît, on aide les héritiers à "entrer dans la vie active."

J'ai sous les yeux "*Vivre en Quercy*", d'André Gaubert, emprunté à la bibliothèque, publié justement chez Privat. En bas de la quatrième de couverture, le logo *Editions Privat* et celui de *La Dépêche du Midi*. Le copyright est pourtant uniquement celui des éditions Privat donc la co-édition est exclue. Un partenariat ?

Lecture "*Des racines, des combats et des rêves*"

En avril 2010, Anicet Le Pors avait publié un ouvrage dont la présentation laisse présager qu'il s'agit d'une approche similaire :
Les racines et les rêves, avec Jean-François Bège, spécifié interviewer. « *Proche de Georges Marchais, écouté par François Mitterrand, Anicet Le Pors retrace sa carrière et analyse avec rigueur les causes du déclin du communisme et les insuffisances du débat politique actuel.* »

"*Des racines, des combats et des rêves*" de Martin Malvy, entretiens avec Jean-Christophe Giesbert et Marc Teynier, fut publié le 7 octobre 2010, par Michel Lafon, à ne pas confondre avec Robert Laffont.

Je l'ai acheté 2 euros 10 sur priceminister. Plus 2 euros 80 de frais d'envoi. Avoir déboursé 4 euros 90 me semble encore nettement trop pour un tel contenu. Prix éditeur : 17,50 euros. Il n'existe pas de version numérique sur les principales plateformes.
Certes, j'abordais ces pages sans illusion ! Je savais bien qu'il ne fallait pas y espérer une "version politique" de l'entretien entre Jean-François Revel et Matthieu Ricard, "*Le moine et le philosophe.*" Encore moins à une "variation" des entretiens de Sénèque. J'avais même consulté des articles de leur *Dépêche*, en ligne naturellement. Dont celui relatant le déplacement à la librairie *Surre* de Foix, de "l'auteur." Après des banalités, le dernier paragraphe est une aubaine pour le vilain chroniqueur non thuriféraire :

"Pourquoi ce livre ?

C'est Jean-Christophe Giesbert et Marc Teynier qui lui ont proposé l'idée de faire ce livre. « Ancien journaliste, j'ai toujours envie d'écrire. Mais j'en ai rarement le temps », explique-t-il. « Nous avons fixé un rendez-vous en fin d'après-midi un dimanche. Après le premier, je ne pouvais pas arrêter. Nous nous sommes donc vus 7 à 8 dimanches. J'ai répondu à leur question en fumant des cigarettes et en buvant du whisky. On a passé des bons moments »."
signé : *E.D.*

Quel éclairage ! 7 à 8 dimanches pour réaliser un livre ! Et vous noterez le singulier : *« J'ai répondu à leur question ».*

Quant à la suite de cette phase : *« en fumant des cigarettes et en buvant du whisky. »* Il ne s'agit, semble-t-il, pas de se donner, pour le président de notre région, une auréole gainsbardique ! Le prétendu dilettantisme se doit d'assumer dans l'art. Chez l'auteur compositeur interprète, naturellement, il se serait agi d'une provocation... comme quand il racontait entrer en studio sans préparation et improviser... un jeu... ses proches ont d'ailleurs retrouvé à son décès de nombreux carnets raturés où il travaillait ses textes...

Ils ont passé de bons moments ! Comme le notent d'ailleurs les journalistes en avant-propos, même s'ils préfèrent spécifier *« une dizaine de dimanches après-midi. »* Petite dizaine donc ! C'est peut-être leur plaisir mais pour moi c'eut été des conditions de travail inacceptables *« dans les volutes de cigarettes que cette force de la nature fume à la chaîne.»* Salut monsieur Bashung... *vos luttes partent en fumées...* (*Sous les yeux embués / D'étranges libellules*) Naturellement, s'il n'y avait pas eu cette opportunité d'acheter à un tarif décent, jamais je n'aurais eu entre les mains cet ouvrage. Donc en quelques heures ce fut lu. Avec un crayon pour annoter. Impression générale : oui, ça doit être ça, sept ou huit courts rendez-vous retranscrits, du bâclé, sans le moindre travail littéraire.

Dès la quatrième de couverture des remarques fusent. La présentation me semble manquer d'impartialité malgré une approche journalistique : « *En mars 2010, Martin Malvy a été le président de région le mieux élu de France avec près de 70 % des voix. C'est dire que sa vision de la chose publique n'a pas séduit que les électeurs socialistes. Et c'est en cela que ce livre nous concerne tous.* »
Aux élections régionales 2010 la liste conduite par Martin Malvy l'emporta certes amplement sur celle de Brigitte Barèges avec 67,77% des votants, soit 35% des inscrits.
Relativisons donc le « *sa vision de la chose publique n'a pas séduit que les électeurs socialistes* » en ajoutant également qu'il s'agissait d'une liste dite de large union de la gauche, avec Martin Malvy (PS-PRG-MRC), rejoint par Gérard Onesta (Europe Ecologie) et Christian Picquet (Front de gauche).
Brigitte Barèges s'était déclarée prête à s'allier aux écologistes, dont les 13,46% au premier tour ont évidemment compté dans « la vague malviste. »
Des écologistes apparemment satisfaits d'avoir obtenu de bonnes places ! Et ensuite ils s'étonnent

d'être considérés comme des béni-oui-oui du PS !
[ah, un véritable mouvement écologiste dans le
sud-ouest...] Il faut reconnaître à M. Malvy un réel
talent de négociateur.

Sur la photo ni verre ni bouteille de whisky, pas
même une cigarette au bec ni un cendrier : Jean-
Christophe Giesbert et Marc Teynier, vestes noires
sur chemises blanches ouvertes, couvent des yeux
Martin Malvy au centre, trois hommes assis derrière
une table ovale en verre dans un bureau.
Néanmoins, il a beau hausser les épaules, l'effet
d'optique est ravageur du vieux petit homme
entouré des jeunes balaises pourtant pendus à ses
lèvres. Certes, c'est sûrement plus présentable que
cigarettes et whiskies.

Suivant (forcément, malheureusement !) depuis
quelques années monsieur Malvy, je ressens un
"léger malaise" en lisant la dédicace : « à mes
petits-enfants, Louis-Jean et Simon. » Comme vous
le savez, j'espérais encore, à cet instant, que
l'adjoint au maire de Figeac exposerait précisément
sa position, avec de nombreuses "réticences" par
rapport à cet ascendant condamné par la Haute-
Cour de justice le 6 août 1918 (ès qualité de
ministre de l'intérieur de 1914 à 1917) à 5 ans de
bannissement, mais ne s'arrêtant pas là, redevenant
député (et même éphémère ministre) et soutenant
les accords de Munich (entre Hitler et Daladier) puis
votant le 10 juillet 1940 à Vichy les pleins pouvoirs
au Maréchal Pétain. Frappé d'indignité nationale et
inéligibilité pour 10 ans en 1945, il est mort en
1949. Son petit-fils Martin avait 13 ans. Il est des
faits dont une double présence dans ce livre ne
compense pas l'absence dans le sien.

1918 ? La faute à Clemenceau ! Et à une Haute-Cour soucieuse de lui plaire ! (dès la page 19, les racines). Qui plus est « *il y a deux ans, l'historien Jean-Yves Le Naour a consacré un ouvrage à cet épisode de la IIIe République. Il l'a intitulé* L'Affaire Malvy, le Dreyfus de la Grande Guerre*. Tout est dans le titre.* » Le « *tout est dans le titre* » peut-il signifier que le contenu est vide ? Je l'ignore, lire ce probable plaidoyer ne me semble pas prioritaire tant diverge l'analyse de Martin et "l'information officielle."

Martin Malvy raconte sa jeunesse, la guerre, au « *château de Croze* » chez la sœur de sa grand-mère... sa grande bagarre à onze ans, en sixième contre le condisciple qui osa lui balancer « *après tout, tu n'es que le petit-fils d'un traître.* »

Mais si la condamnation de 1918 est vaillamment défendue dans cet ouvrage, celle de 1945, les bons journalistes n'ont sûrement pas eu le temps (ou la lucidité ! whiskies...) de la rappeler. Pourtant, monsieur Malvy y prêta le flan en répondant, pour 1918 : « *les sénateurs étaient à ce point mal à l'aise avec cette condamnation qu'ils ne l'avaient pas déchu de ses droits civiques et qu'il était toujours député.* »

Donc le lecteur ignorant 1945 doit considérer l'apostrophe « *petit-fils d'un traître* » liée à 1918. Non ? Cette partie, je l'ai lue avec attention...

Martin Malvy, le CRL et moi

Dans *"Contrairement à Gérard Depardieu, dois-je quitter la France ? Exil littéraire au Burkina Faso pour les écrivains ?"* sont détaillées mes relations avec le CRL depuis l'époque Alain Bénéteau jusqu'à l'actuel Michel Perez, président de cette « *association* » financée à 70% par la région (le reste semblant provenir de l'état via la DRAC).

Même s'il ne l'a pas signée, "sa" réponse du 13 février 2013 est suffisamment précise pour en conclure que M. Malvy a orienté la politique du livre depuis son élection à la tête de la région (1998) et qu'il l'assume sans chercher à biaiser avec des notions de "délégations." Ce qui a le mérite de la clarté.

Sans cette réponse, lui imputer cette politique aurait pu susciter des réactions du genre "monsieur Malvy a toujours délégué cette politique culturelle à l'élu Président du CRL." Il est possible que ces hommes aient pensé qu'après une telle réponse je "retournerais à mes chères études" (chercher un éditeur genre Privat ou Lafon par exemple !) et ni monsieur Michel Perez ni monsieur Hervé Ferrage, son directeur durant six années, ni monsieur Laurent Sterna lui ayant succédé en novembre 2013, ne semblent décidés autorisés motivés (ou autre) à entamer un dialogue qui ne mènerait nulle part puisque ces gens-là peuvent se prévaloir de l'expertise de personnes considérées représentatives. Oui, il suffit de réunir des notables qui pensent à peu près la même chose pour prétendre s'être appuyé sur des experts et ainsi marginaliser les gens qui osent ne pas penser comme le chef.

Commissions et consultations, c'est ainsi qu'on noie le poisson, qu'on prend les gens pour des cons ! Le whisky m'est imbuvable (comme je fuis les cigarettes) donc il faut chercher ailleurs cette soudaine dérive linguistique.

Monsieur Martin Malvy s'est imposé dans ma vie. Il en est devenu le symbole des blocages. Pourtant, il s'agit d'un « homme de gauche », selon la classification actuelle. Durant sa période de ministre du Budget, 1992 - 1993, quand le cumul des mandats suscitait peu de contestations, il était même également : conseiller général du Lot, conseiller régional Midi-Pyrénées, maire de Figeac (ce qui enrichirait sûrement de nombreuses personnes mais par sa famille si l'on en croit son document de 2010).

Arrivé en 1996 dans le Lot, j'ai découvert Figeac le 26 avril 1998. Martin Malvy, député-maire local, ancien Ministre du Budget, signait l'édito de la douzième fête du livre. Mon nom ne figurait pas sur le programme, conformément au document qu'il m'avait fallu retourner, accompagné d'un chèque de 80 francs pour obtenir une demi-table.

Nous, les indépendants, étions à l'écart, face à la vraie fête, celle des Yvette Frontenac, Georges Coulonges, Colette Laussac, Michel Palis, Michel Peyramavre (selon le programme, Michel Peyramaure en réalité), Michel Cosemm, Didier Convard, Serge Ernst, Laurent Lolmède, Didier Savard, Andrée-France Baduel, Laurence Binet, Mohamed Grim, Christian Rudel, Amin Zaoui...

L'année suivante, j'ai refusé ce système. Je ne suis donc jamais retourné à ce salon.

Le 5 février 1998, j'ai renvoyé de Cahors le document idoine, complété, accompagné du chèque numéro 461996.

12ème fête du livre de Figeac.
25 Avril : 14H30 à 19H
26 Avril : 10h à 12H30
*   14H30 à 18H*

CONDITIONS   D'INSCRIPTION   DES   AUTEURS INDEPENDANTS

- Seuls les auteurs sont acceptés dans la limite des places disponibles, (ni libraires, ni éditeurs).
- Tous les frais inhérents à cette manifestation sont à la charge de l'acteur (transport, restauration, hébergement)
- Toute inscription devra s'accompagner d'un chèque à l'ordre de "Lire à Figeac".
- Une table maximum par auteur :

* Lot : une table : 160Frs, une 1/2 table : 80Frs.
* Autres départements : une table : 320Frs, une 1/2 table : 160Frs.

- L'auteur aura à charge d'amener ses ouvrages, un emplacement lui sera réservé.
- Le nom de l'auteur n'apparaîtra pas sur le programme.
- Le bénéfice de la vente de ses ouvrages lui reviendra en totalité.
- L'auteur devra se présenter à la Salle Balène, Quai Bessières, 13H30.
(l'ouverture au public se fera à 14H30)

Bulletin à remplir et à renvoyer à "LIRE A FIGEAC"
*   Boulevard Pasteur*
*   46100 FIGEAC*

Je reconnais avoir pris connaissance des conditions d'inscription et m'engage à les respecter.

La phrase "*seuls les auteurs sont acceptés dans la limite des places disponibles, (ni libraires, ni éditeurs)*" témoigne disons d'une imprécision dans la considération de cette activité, les auteurs indépendants, se trouvant être éditeurs, juridiquement.

Le 14-4-98 me fut envoyé de Figeac le programme "*Cultures et Droits de l'Homme*", avec un petit mot manuscrit :

"*Rendez-vous le samedi 25 Hôtel Balène (Quai Bessières) vers 14 h.*
A bientôt
DL"

Eh oui, on peut se gargariser des "Droits de l'Homme" et pratiquer l'ostracisme, la ghettoïsation, au quotidien.
Il s'agissait de ma première participation à un salon dans cette partie du Lot.
Ma jeunesse me permit quelques dialogues. Certains du genre « il faut guider le nouveau, lui expliquer les arcanes du métier, pour qu'il profite lui aussi de l'argent public, des bons repas, des hébergements... »
Nous entrerons dans la carrière quand nos aînés reposeront au cimetière.
Et quelques aveux : « - T'as payé 80 francs mais ce que je vois, c'est qu'à la fin de la journée, tu repartiras avec de l'argent. Tandis que moi j'aurais bien mangé, je dormirai à l'hôtel mais je ne toucherai pas un centime des ventes. Bien sûr, il me

reviendra 10% (ou 5 suivant l'interlocuteur) de droits d'auteur dans un an (parfois : si d'ici là mon éditeur ne ferme pas boutique). Et de toute manière, je ne saurai jamais combien ils en vendent réellement, nous n'avons aucun moyen de vérifier les chiffres. »

Je résumais dans un carnet : « Ils sont nourris par les subventions mais un libraire s'engraisse avec leurs ventes. »

Le 16 avril 1998 Martin Malvy fut élu président du conseil régional de Midi-Pyrénées. (il fut réélu le 2 avril 2004 puis le 26 mars 2010).

Lors de ce salon, je glanais quelques informations sur la politique du livre de la région. Certains attendaient des changements "maintenant qu'on est socialistes..."

Avant le lundi 7 janvier 2013, je n'avais jamais remis les pieds à Figeac. Je publierai sûrement un jour le récit photographique de cette journée. Je doute fortement de pouvoir réaliser le projet "pharaonique" de présenter les 340 communes du département lotois (comme annoncé sur http://www.communes.info et débuté avec Beauregard, Saillac, Montcuq, Cahors, Saint-Cirq-Lapopie, Cajarc).

En juin 2002, dans *Le Webzine Gratuit* (http://www.lewebzinegratuit.com l'une de mes créations dans le but de devenir un média faute d'accès aux plus connus, mensuel délaissé, surtout faute de temps, malgré plus de 80 000 abonnés), en guise d'interview du mois, ce fut : l'attachée de la direction fantôme et les attachées de direction du Président en réunion... Récit de la tentative d'instaurer un dialogue avec monsieur Alain Bénéteau. Un jour, par mail, il a daigné m'accorder une courte réponse, il souhaitait me rencontrer... « *pour débattre de cette question* »... Et m'accorda un « *nous ne pouvons probablement pas rester sur une situation non évolutive.* »

Avril 2011, communiqué de presse du CRL Midi-Pyrénées, par l'intermédiaire de monsieur Hervé Ferrage, son directeur.
Sobrement intitulé : *"LE NUMERIQUE ET LES MÉTIERS DU LIVRE"* ; la création d'un groupe de travail régional sur le livre numérique. Leur objectif : un livre blanc.
Intéressant ? Qui, dans ce groupe de travail ? Des « *professionnels du livre et de la lecture.* »

Deux membres de structures financées par la région Midi-Pyrénées : naturellement Hervé Ferrage, le directeur du CRL, dont l'approche pourrait ressembler à celle de Jean-Paul Lareng, directeur de l'ARDESI Toulouse (Ardesi, Agence Régionale pour le Développement de la Société de l'Information en Midi-Pyrénées, une association Loi 1901, créée et financée par la Région Midi-Pyrénées).

Quatre éditeurs : Patrick Abry, des *Editions Xiao Pan* de Figeac ; Marie-Françoise Dubois-Sacrispeyre, *Editions Erès* à Toulouse ; Philippe Terrancle, *Editions Privat* à Toulouse donc, et on peut classer Joël Faucilhon chez les éditeurs, représentant *Lekti-ecriture* d'Albi (organisme rassemblant 70 éditeurs indépendants selon leur site internet).

Trois libraires : Benoît Bougerol, président du

Syndicat de la Libraire Française et directeur de *La Maison du Livre* de Rodez ; François-Xavier Schmitt, de *L'Autre Rive* à Toulouse ; Christian Thorel d'*Ombres Blanches* également de Toulouse.

Six représentants d'organismes publics au sens large : Michel Fauchié, de la Médiathèque José Cabanis à Toulouse, chargé des technologies numériques ; Marie-Hélène Cambos, des archives départementales de la Haute Garonne ; Frédéric Bost-Naimo, de la Médiathèque de Colomiers, noté "*bibliothécaire du secteur Musique*" ; Karine de Fenoyl, de la Médiathèque Municipale d'Albi, aussi responsable du secteur Musique ; Jean-Noël Soumy, conseiller pour le livre à la DRAC ; Sandrine Malotaux, directrice SCD de l'Institut national polytechnique de Toulouse.

Et un auteur, Xavier Malbreil, qui a donc accepté d'être "notre" représentant face à ces gens qui n'écrivent pas.
Mais que les notables se rassurent, l'auteur n'est pas un de ces indépendants qui essayent de vivre de leur plume contre lobbies et préjugés, il enseigne, serait même critique d'art numérique et enseignant à l'université de Toulouse II-Le Mirail, auteur d'un livre intitulé *La Face cachée du Net*, publié en 2008 chez *Omniscience*. Cursus léger pour représenter les écrivains face à un tel cénacle mais sûrement suffisant pour le rôle du "bon auteur".

Observer la liste de ces "*professionnels du livre et de la lecture*" est suffisant pour connaître les grandes lignes du livre blanc qu'ils présenteront sûrement comme un document essentiel, remis à monsieur Martin Malvy et validé comme la nouvelle ligne directrice de la politique de la région en faveur du livre.

Ils peuvent même annuler leurs réunions et se contenter du communiqué de presse, des deux points : « *le numérique est devenu un enjeu central*" et "*les pratiques des lecteurs et leurs évolutions dicteront leur loi.* »
Certes, ils confessaient immédiatement leur apriori en écrivant : « *les libraires indépendants lancent leur portail de la librairie indépendante, 1001libraires.com, et défendent leur rôle indispensable de médiateurs.* »

En mai 2012, il était noté : « *D'ici l'été 2012, le groupe de travail proposera un ensemble de recommandations sous la forme d'un livre blanc du numérique* ». Sans même nous fournir quelques-unes des grandes recommandations qui ne manqueront pas de révolutionner le secteur ! Depuis, rien de visible !

Le Centre Régional des Lettres Midi-Pyrénées, selon sa présentation officielle, se prétend au cœur de la politique du livre en région, « *plate-forme d'échanges, de débats et de partenariats entre acteurs de la chaîne du livre. Qu'il s'agisse de conseil, d'expertise, de financement ou de mise en réseau, le CRL accompagne auteurs, éditeurs, libraires et professionnels des établissements documentaires de la région Midi-Pyrénées dans leurs projets.* »

La page "*missions*" le prétend : « *à l'écoute de leurs*

préoccupations en un temps où la révolution numérique transforme en profondeur les métiers du livre. »

Qu'entend le CRL par « *Soutenir la création et la chaîne du livre* » ?
La réalisation d'études et l'attribution d'aides "aux acteurs du livre."

Qui sont ces acteurs du livre ?

- Auteurs : bourses d'écritures versées par le CRL pour favoriser la création littéraire en Midi-Pyrénées.

- Editeurs : présence à Vivons Livres ! Salon du livre Midi-Pyrénées, aides aux déplacements hors région (entre autres le Salon du livre de Paris), aides à la fabrication et à la traduction, toutes versées par la Région Midi-Pyrénées.

- Libraires : mise en place d'une politique d'aide à la librairie indépendante, financée majoritairement par la Région Midi-Pyrénées, avec le soutien de la DRAC.

Oui des librairies sont aidées avec de l'argent public, à l'heure où la numérisation, le changement de modèle économique, devrait constituer la préoccupation majeure.
Dans les **critères d'attribution des bourses d'écriture 2013** (bourses de 8 000 €, ce qui me permettrait de tenir durant cette période intenable), les auteurs-éditeurs, même professionnels, sont exclus d'une phrase : « *l'auteur doit avoir publié au*

moins un livre à compte d'éditeur (sous forme imprimée). »

Certes ne figure plus dans la rubrique « *Sont exclus :* » la phase « *l'auto-édition (éditions à compte d'auteur et éditions à compte d'auteur pratiquées par un éditeur professionnel).* » Oui, le professionnalisme du CRL donna cette définition de l'auto-édition !

Encore fin 2011 début 2012, je suis reparti au combat de la demande de bourse (c'est fatiguant ! mais il le faut parfois pour présenter des faits concrets, des réponses). Il arrive un moment où le comportement de ces gens qui se gargarisent de soutenir la culture devient insupportable. Je n'avais aucun espoir qu'une employée du CRL prendrait la décision de lire mes livres pour faire remonter cette honte de ghettoïser un auteur dans une démarche audacieuse d'indépendance... Un mur, que cette responsable du dossier des bourses du CRL... Dans l'optique de publier cet échange, je m'adressais donc à monsieur Malvy.

M. Malvy Martin, Président du Conseil Régional
CONSEIL REGIONAL MIDI-PYRENEES
22, boulevard du Maréchal-Juin
31406 Toulouse Cedex 9

Montcuq le 16 janvier 2013

Monsieur Martin Malvy,
Monsieur le Président de la Région Midi-Pyrénées où
je vis depuis 1996,
Monsieur le Président d'une communauté de
commune du département où j'ai choisi de vivre,

Je pense avoir écrit quelques textes corrects, et
faire correctement mon boulot d'écrivain, mériter
ainsi un minimum de respect. Romans, essais,
pièces de théâtre (certaines traduites en anglais et
allemand), textes de chansons. Mes photos
intéressent également, un peu.

Pourtant, quand je lis vos modalités d'attribution
des bourses du CRL, je me sens insulté. Minable,
l'écrivain indépendant qui souhaite vivre en modeste
artisan de la plume, sans passer par les grandes
fortunes de France, Gallimard, Lagardère, Esménard
ou de La Martinière ? Minable, que d'être une
profession libérale, auteur-éditeur ?

Vous avez choisi de mener une politique de soutien
aux écrivains inféodés à ces groupes et aux
libraires, qui vendent les produits de ces industriels
de l'édition (« *industrie culturelle* » selon
l'expression de madame la ministre Aurélie Filippetti
devant le SNE). Est-ce cela être de gauche au vingt-

et-unième siècle ? Pouvez-vous prétendre que la plume des bénéficiaires de ces 8200 euros ait produit des œuvres d'un intérêt supérieur à la mienne et qu'ils méritaient plus que moi un soutien ? Nous les indépendants, sommes des minables ? (j'utilise ce "nous" ès auteur du « *manifeste de l'auto-édition* »)

Vous n'avez pas l'impression que la petite phrase d'exclusion des écrivains professionnels, en profession libérale auteur-éditeur, témoigne d'une politique soumise aux oligarchies, à cette appropriation de la culture par des industriels ? (Emmanuel Todd semble rejoindre mes vieilles analyses, quand il écrit « *la vérité de cette période n'est pas que l'État est impuissant, mais qu'il est au service de l'oligarchie* »)
Vous ne mesurez pas les conséquences sociales et humaines d'une telle politique ?

Depuis plus d'une décennie, j'essaye de demander une approche respectueuse des écrivains indépendants. Votre ami monsieur Alain Bénéteau, m'accorda en son temps de président du CRL, une formule que vous trouverez peut-être également jolie « *nous ne pouvons probablement pas rester sur une situation non évolutive.* » En dix ans, seul le vocabulaire de rejet des indépendants fut modifié [dans votre "*Sont exclus :*" figura la phrase "-*l'auto-édition (éditions à compte d'auteur et éditions à compte d'auteur pratiquées par un éditeur professionnel)*"] J'ai également en vain interpellé monsieur Gérard Amigues, représentant lotois au CRL.
Depuis plus d'une décennie, je vis de peu, le plus

souvent sous le seuil de pauvreté. 2013 est financièrement intenable. Ce soutien du CRL représentait mon unique espoir de tenir. Quitter la France devient donc financièrement impératif. Vous vous en réjouirez peut-être. Puisque vous n'avez jamais daigné répondre directement à mes critiques. Mais il fut un temps où notre pays représentait une terre d'espoir et pour continuer d'écrire, vivre de mes ventes, je ne vois d'autre solution que l'exil, en Afrique.

Le "système des installés" a donc gagné : un écrivain qui ne se soumet pas aux oligarchies doit abandonner. C'est peut-être cette petite phrase sur les écrivains indépendants que retiendront de votre passage sur terre les générations futures. Être écrivain et vivre à la campagne, modestement, représentait un choix de vie (à 23 ans j'étais cadre dans une grande entreprise, bien que je sois né dans un milieu agricole, sans relations). Ecrivain et campagne, deux voies inacceptables ? Exemple pour la campagne, Alsatis, qui nous fut présenté, imposé, offert (les qualificatifs divergent), ce "haut débit" de campagne, ainsi noté sur un contrat spécifiant un débit maximum montant à 128 kbps.

Je n'étais pas retourné à Figeac depuis le 27 avril 1998, votre fête du livre où il m'avait fallu payer 80 francs pour obtenir un "strapontin". J'en ai fait une pièce de théâtre qui je l'espère nous survivra. Lundi 7 janvier 2013, j'ai photographié cette ville. Ce sera, symboliquement, sûrement une de mes dernières publications avant l'exil.

Je n'ai jamais participé (14 livres en papier publié, une cinquantaine d'ebooks) au "*Salon du livre de*

Toulouse Midi-Pyrénées" organisé par le CRL. « *Votre qualité d'auteur-éditeur ne nous permet pas de vous intégrer à ce Salon, qui est limité aux éditeurs professionnels de Midi-Pyrénées* » me répondait sa directrice en 1998, Laurence Simon. L'exclusion fut totale. J'ignore si d'autres professions ont eu autant à souffrir de la politique régionale durant vos mandats mais vous ne nous avez rien épargné.

Oui, monsieur Malvy Martin, j'ai essayé une autre voie, car j'ai refusé un système qui confisque 90% des revenus des livres. Ces librairies que votre politique a soutenu, savez-vous qu'elles ont accepté la gestion mise en place par des distributeurs créés par "nos grands éditeurs" (naturellement, vous n'avez "sûrement" pas lu "*écrivains réveillez-vous !*")

En agitant devant le nez des écrivains qui acceptent ce système inique (n'entendez-vous jamais les protestations d'écrivains qui acceptent ce chemin mais ne parviennent pas à en vivre, même à être certains des chiffres de vente ?) des bourses de 8000 euros (chiffre 2013), vous participez à la pérennité de ce système. Sommes-nous des ânes, monsieur Martin Malvy, pour que l'on nous (les écrivains) promène ainsi ?
Le livre numérique est une chance pour les écrivains. Mais ai-je été invité à participer au groupe de travail régional interprofessionnel sur le livre numérique "*LE NUMERIQUE ET LES MÉTIERS DU LIVRE*" ? La composition de ce groupe est significative des résultats qui souhaitaient être obtenus. Le livre numérique, oui, à condition qu'il

soit contrôlé par les "éditeurs traditionnels" et permettent aux libraires de continuer à vivre de ce commerce ?

Naturellement, je suis écrivain et comme Stendhal le plaçait dans la postérité, je vais lancer un dernier billet de loterie dans le monde numérique, en racontant, tout simplement, cette lutte pour vivre debout, cet échec face à votre politique (ce "votre" englobe naturellement vos collègues mais je suis arrivé dans le Lot en 1996, deux ans avant votre élection à la tête du Conseil Régional donc nous aurez marqué ma période lotoise, il est donc normal que votre présidence soit abordée).

Même si, contrairement à madame Danielle Mitterrand et de nombreux membres du PS, je n'ai jamais eu de sympathie pour Fidel Castro, en ce début d'année, j'éprouve pour monsieur Gérard Depardieu une grande tendresse. Comme lui, je suis un être libre, Monsieur, et je sais rester poli.

Veuillez agréer, monsieur le Président de Région, mes très respectueuses considérations.

Stéphane Ternoise
http://www.ecrivain.pro

http://www.romancier.net
http://www.dramaturge.net
http://www.essayiste.net

Allusion à un recommandé du conseil du Conseil Régional...

Dans la « lettre recommandée à monsieur Martin Malvy », a-t-il compris le « *puisque vous n'avez jamais daigné répondre directement à mes critiques* » comme une allusion au recommandé de mars 2010 envoyé par le conseil du Conseil Régional ?

Naturellement, il n'y a peut-être aucun lien entre les deux « affaires » mais en mars 2010, l'avocat du Conseil Régional m'envoya une lettre recommandée pour m'interdire d'afficher le logo du conseil régional sur conseil-regional.info, portail essayant d'observer les politiques régionales... Interdiction au nom de la contrefaçon alors qu'une recherche dans google.fr versant images de « logo région midi pyrénées » génère le 6 janvier 2013 plusieurs pages de réponses, alors qu'aucune des autres régions n'a mandaté d'avocat ni même envoyé de message pour s'opposer à la reproduction de leur logo.

Peut-être qu'aucun lien n'existe entre mes critiques de la politique de monsieur Martin Malvy et ce recommandé ! Je me demande néanmoins s'il ne s'agit pas d'une manière de me rappeler qu'on ne conteste pas sans conséquence un président de région de la qualité de l'ancien maire de Figeac.

Des pressions sur les écrits d'un auteur indépendant

Le premier qui dit la vérité... Certes, il ne s'agit pas de prétendre que tout écrit doit être accepté. Mais il s'agit de pouvoir analyser la politique (et les propositions commerciales) sans subir des pressions, qui naturellement dans mon cas ne vont pas m'amener à glorifier, par exemple, un président de Conseil Régional dont je conteste la politique, ou une prestation.

Les 14 et 21 mars 2010 se sont déroulées les élections régionales.

J'ai essayé, en vain, dans la région, d'alerter sur la politique du CRL.

L'histoire récente retient qu'il fut confortablement réélu, monsieur Malvy.

L'Histoire retiendra-t-elle que le 17 février 2010 fut écrit à Toulouse, par un avocat d'une société civile professionnelle d'avocat, un courrier destiné, en lettre recommandée, à Stéphane Ternoise.

Je ne l'ai réceptionnée à la poste de Montcuq que le 16 mars 2010.

Monsieur,

Je vous écris en ma qualité de Conseil de la Région Midi-Pyrénées.

Ma cliente m'a fait part des conditions dans lesquelles vous exploitez un site internet à l'adresse "conseil-regional.info" dans lequel vous utilisez sans son accord la marque et le logo de la Région Midi-Pyrénées.

Cette utilisation sans l'accord de ma cliente de sa marque protégée est constitutive d'un acte de contrefaçon au sens notamment des articles L.713-2 et L.713-3 du Code de la propriété intellectuelle ; les sanctions pénales étant précisées par les articles L.716-9 à L.716-14 du même Code.

Je vous mets par conséquent officiellement en demeure de cesser immédiatement d'utiliser cette marque et de la retirer dès réception de la présente de votre site internet.

Je vous précise qu'à défaut de réaction par retour, j'ai reçu instruction d'engager toute procédure visant à la sauvegarde des droits de ma cliente.

(...)

Il me priait de croire en ses sentiments distingués.

Le site http://www.conseil-regional.info contenait le logo de chacune des régions françaises.
J'ai remplacé celui de ma région par un carré blanc entouré de noir, avec noté en rouge "Midi-Pyrénées" et en noir "Logo Interdit". Et une explication. Si le logo est effectivement la propriété de la région, l'interdiction du nom de *"la marque"* pouvait sembler signifier l'interdiction d'utiliser le nom *"région Midi-Pyrénées."* Mais alors, comment nommer cette région ? La Bayletonie ?

La région et l'avocat ont semblé satisfaits car ils n'ont pas poursuivi ! Mais je ne suis pas parvenu à populariser cette surprenante démarche...

Exigence de retrait pour "contrefaçon"... sachant que désormais les voitures de la région peuvent posséder sur leur plaque minéralogique ce logo, sachant que ce logo se trouve sur de nombreux sites (dont wikipedia...), cet avocat aurait dû, en toute logique, œuvrer à sa disparition, toujours abondamment repris trois ans plus tard ! Etais-je donc directement visé ? Est-ce plutôt mes informations qui dérangeaient ? Mais naturellement, il est peut-être difficile pour une région dirigée par un ancien journaliste (qui plus est dans un très grand quotidien régional) de demander à un avocat d'attaquer des articles argumentés et non diffamatoires. Car naturellement, les faits sont suffisamment éloquents pour que leur simple énumération puisse embêter ! Malheureusement, il semble que notre époque aurait peut-être regardé mes écrits s'ils avaient contenu de la diffamation mais une analyse dans ce domaine de l'édition ne semble pas vraiment intéresser. Trop de situations acquises en jeu ?

Parfois l'envie me vient de ressortir du Coluche, comme dans "*les discours en disent long*" où il balançait « *si la Gestapo avait les moyens de vous faire parler, les politiciens d'aujourd'hui ont les moyens de vous faire taire* » mais je me retiens car nous sommes au vingt-et-unième siècle et les femmes et les hommes politiques de ce pays sont très attachés à la liberté d'expression.

La réponse "de" monsieur Malvy

Joël Neyen
Directeur Général des Services

Toulouse, le 11 FEV. 2013 (en dessous, du blanco masque le cachet de la date à l'envers)

Objet : VOTRE COURRIER DU 16 JANVIER

Monsieur,

Votre courrier visé en objet, et relatif à l'analyse que vous faites des différentes modalités de soutien

175

à l'écriture et à l'édition en région, a retenu toute l'attention de Monsieur Martin Malvy, Président du Conseil Régional de Midi-Pyrénées.

A sa demande, je vous apporte les précisions suivantes. Dans le contexte fragilisé de la filière du livre et de la lecture, sur laquelle pèse plus que jamais les impondérables liés aux mutations induites par les nouvelles technologies et notamment, la perspective de l'émergence du livre numérique, la Région a choisi de concentrer son intervention en faveur des opérateurs les plus exposés, petites structures d'édition et librairies notamment, afin de conforter les conditions de leur activité en Midi-Pyrénées [remarque Ternoise : finalement, quel beau paragraphe, qui expose le conservatisme, la mise au service des installés de la puissance des services publics de la région, contre la possibilité d'une transformation ; pas un mot sur les écrivains : « *petites structures d'édition et librairies* ».]

Cette décision est le fruit d'une concertation élargie entre les opérateurs professionnels concernés, le Ministère de la culture, le Centre Régional des Lettres et la Région, et prend en compte tant la viabilité économique de la filière que la qualité de sa production. [remarque Ternoise : il suffit de réunir des gens aux intérêts similaires, d'ignorer les autres, pour prétendre s'être concerté. Quant à la viabilité économique et la qualité de la production, je pense avoir exposé de manière éloquente pourquoi je me retrouve en situation de "faillite" sans que la qualité puisse être démontrée inférieure à celle des auteurs aidés.]

Dans ce contexte, des choix doivent être opérés entre les multiples demandes qui sont présentées à la Région, qui bénéficie pour cela de l'assistance d'un comité d'experts professionnels. Plus d'une centaine d'ouvrages sont ainsi soutenus chaque année. [remarque Ternoise : « *un comité d'experts professionnels* », sans écrivain indépendant, naturellement. De quels pouvoirs magiques sont dotés ces experts pour me juger sans m'avoir lu ?]

La publication à compte d'auteur est exclue, pour sa part, de ce système, car elle revient à la commande directe d'un auteur à l'éditeur, ce qui élude l'engagement personnel de l'éditeur en faveur du projet. Seules sont donc recevables les publications à compte d'éditeur. [remarque Ternoise : l'existence de la profession libérale auteur-éditeur semble donc niée, elle ne peut quand même pas être assimilée à du compte d'auteur par des hommes aussi compétents.]

Dans la mesure du possible, la plus grande promotion est faite aux auteurs et éditeurs dans le cadre du Salon du livre "Vivons livres", organisé chaque année au moins de novembre. [remarque Ternoise : "vivons livres", mais surtout pas libres ! Un écrivain doit se soumettre à la filière...]

Enfin, des bourses d'écritures sont attribuées, chaque année, pour valoriser le travail des auteurs de la région et contribuer à la promotion des œuvres littéraires. [remarque Ternoise : la lettre portait bien sur ce sujet. Mais l'absence de réponse pour les travailleurs indépendants est flagrante !]

Ainsi que vous le voyez, différents protocoles d'intervention sont à l'œuvre, en faveur de la filière du livre, qui bénéficient, au premier chef, aux structures les plus fragiles. [remarque Ternoise : faux monsieur, les structures les plus fragiles sont les travailleurs indépendants et vos protocoles d'intervention sont des protocoles d'exclusions à leur égard.]

Je vous prie de croire, Monsieur, à l'assurance de mes sentiments distingués. [remarque Ternoise : j'en doute !]

Signature
Joël NEYEN
[remarque Ternoise : chacun, en relisant ma lettre du 16 janvier et cette réponse peut conclure sur le degré de pertinence de l'argumentaire. Il me passe par la tête une phrase sûrement sans rapport :
« *Vous venez avec vos questions, je viens avec mes réponses...* » et j'entends la voix de Georges Marchais...]

Seconde lettre

M. Malvy Martin, Président du Conseil Régional
CONSEIL REGIONAL MIDI-PYRENEES
22, boulevard du Maréchal-Juin
31406 Toulouse Cedex 9

Montcuq le 24 février 2013

Vos Réf : ----/AR/--- - --------

Monsieur le Président de la Région Midi-Pyrénées,

Vous avez considéré M. Joël NEYEN, directeur Général des Services, comme le plus apte à répondre à mon courrier du 16 janvier 2013. Il précise bien qu'il s'agit d'une réponse suite à votre demande. Je me permets donc de considérer que les réponses vous engagent. Peut-être êtes-vous mal conseillé, victime des notes d'un puissant lobby. Je sais bien que nul ne peut connaître l'ensemble des activités d'une société.

Donc, M. Martin Malvy, à l'approche du quinzième anniversaire de votre entrée à la présidence de notre région, le jour de vos 77 ans, vous ignorez toujours qu'il existe une profession libérale auteur-éditeur, ainsi déclarée à l'urssaf (N°SIREN ---------) et au service des impôts (déclaration contrôlée, BNC, avec même un numéro de TVA Intracommunautaire FR42---------).

Vous répondez pour justifier vos financements *"en faveur des opérateurs les plus exposés"* mais il est apocryphe de prétendre que vous intervenez pour soutenir les *"petites structures d'édition."* (l'auteur-éditeur étant la structure de base de l'édition indépendante)
Vous répondez pour justifier votre exclusion des aides de la publication à compte d'auteur. Ce qui n'est pas le sujet ! Qui plus est, vous devriez connaître ma position sur le sujet (affaire au TGI de Paris quand une société pratiquant le compte d'auteur m'y a assigné pour essayer de faire disparaître de mes sites mes analyses). Quant à

"votre" salon du livre, il se caractérise par l'exclusion des auteurs indépendants.

Mais pas un mot sur la profession que j'exerce, auteur-éditeur, en travailleur indépendant, profession libérale, qui constituait pourtant le cœur de mon questionnement dans ma lettre du 16 janvier 2013.

Pas un mot non plus sur les conditions de travail consécutives à l'absence de connexion Internet à une vitesse correcte dans les campagnes de la région (en un mot : alsatis).

Vous avez tort, monsieur Martin Malvy, de vous placer du côté des installés contre les écrivains indépendants. L'auto-édition est une vraie profession. J'en suis même l'un des symboles au niveau national, auteur du "*manifeste de l'auto-édition*." Madame Aurélie Filippetti, ès ministre de la Culture, écrivait d'ailleurs récemment « *l'auto-édition est riche de promesses.* » Mon combat pour sa reconnaissance passe donc par la dénonciation de votre position, de votre politique (j'ai bien noté l'absence de réponse du président du CRL, M. Michel Perez).

J'aimerais donc une vraie réponse, où vous n'assimileriez pas l'auto-édition (terme usuel pour la profession libérale auteur-éditeur) au compte d'auteur (défini par l'article L132-2 du CPI et régi par la convention, les usages et les dispositions des articles 1787 et suivants du code civil).

Je ne vois pas d'autre résumé à votre réponse que de considérer que vous avez assimilé une profession libérale indépendante à la pratique du compte d'auteur, activité sur laquelle nous semblons d'accord pour conclure qu'elle ne peut pas mener à une professionnalisation mais dont la définition semble erronée chez vous.

Veuillez agréer, monsieur le Président de Région, mes très respectueuses considérations.

Stéphane Ternoise - http://www.ecrivain.pro

Cette lettre fut réceptionnée le 28 février 2013 par le secrétariat général Région Midi-Pyrénées.
M. Malvy Martin est bien né le 24 février 1936. Comme moi, il n'est pas né dans le Lot. Lui, à Paris.

Aucune réponse au 20 février 2014.

Question de constitutionnalité de la politique de M. Martin Malvy

Je pose la question. Avec l'espoir qu'un juriste s'en saisisse. Pourquoi pas plusieurs !?
Est-il conforme à la Constitution, au principe d'égalité des citoyens, de rendre certains écrivains inéligibles aux bourses publiques, au motif qu'ils sont travailleurs indépendants, immatriculés en profession libérale, et non inféodés à un "éditeur traditionnel" par un "contrat d'édition à compte d'éditeur" ?
Puisse cette question ouvrir un débat sur la politique du Centre Régional des Lettres Midi-Pyrénées, un débat refusé par M. Martin Malvy depuis 1998.
Cette discrimination d'une profession libérale est-elle, d'autre part, socialement juste ? Avis de politiques bienvenus.

Adèle et Marie Borie...

L'affaire Cahuzac sera-t-elle utile à la démocratie ?

Février 2014... elle semble oubliée... elle se réveillera dans les urnes ? Indignez-vous dans les urnes !

Communiqué de presse publié le 2 avril 2013 par l'Elysée :

« Le président de la République prend acte avec grande sévérité des aveux de Jérôme CAHUZAC devant les juges d'instruction concernant la détention d'un compte bancaire à l'étranger. C'est désormais à la Justice d'en tirer les conséquences en toute indépendance.
En niant l'existence de ce compte devant les plus hautes autorités du pays ainsi que devant la représentation nationale, il a commis une impardonnable faute morale. Pour un responsable politique, deux vertus s'imposent : l'exemplarité et la vérité. »

Pour la contester, la vérité, il faut démontrer le mensonge, aurait pu conclure monsieur Cahuzac dans une ultime raffarinade. Quant à l'exemplarité, c'est peut-être ce que j'analyse sous le terme de déontologie. Vous considérez-vous exemplaire, monsieur Malvy ?

Le lendemain, vers midi, François Hollande envoyait aux médias une déclaration enregistrée le matin, dénonçant *« un outrage à la République. »*

Texte très "lourd" :

« J'ai appris, hier, avec stupéfaction et colère les aveux de Jérôme CAHUZAC devant ses juges.

Il a trompé les plus hautes autorités du pays : le chef de l'Etat, le Gouvernement, le Parlement et, à travers lui, tous les Français.

C'est une faute, c'est une faute impardonnable. C'est un outrage fait à la République. D'autant que les faits reprochés sont eux-mêmes intolérables : détenir, sans le déclarer, un compte à l'étranger.

Donc, toute la lumière sera faite.

Et c'est la Justice qui poursuivra son travail jusqu'au bout et en toute indépendance.

J'affirme, ici, que Jérôme CAHUZAC n'a bénéficié d'aucune protection autre que celle de la présomption d'innocence. Et il a quitté le Gouvernement, à ma demande, dès l'ouverture d'une information judiciaire.

C'est un choc ce qui vient de se produire parce que c'est un grave manquement à la morale républicaine. Je suis, donc, amené à prendre trois décisions qui vont dans le sens des engagements que j'avais pris devant les Français :

D'abord, renforcer **l'indépendance de la Justice** : c'est le sens de la réforme du Conseil Supérieur de la Magistrature. Cette réforme sera votée au Parlement dès cet été. Elle donnera aux magistrats les moyens d'agir en toute liberté, en toute indépendance, contre tous les pouvoirs.

Ensuite, **lutter de manière impitoyable contre les conflits entre les intérêts publics et les intérêts privés** et assurer la publication ainsi que le contrôle sur les patrimoines des ministres et de tous les parlementaires. Le Gouvernement, là encore, soumettra au Parlement, dans les semaines qui viennent, un projet de loi dans cette direction.

Enfin, les **élus condamnés pénalement** pour fraude fiscale ou pour corruption **seront interdits** de tout mandat public.

La République, c'est notre bien le plus précieux. Elle est fondée sur la vertu, l'honnêteté, l'honneur.

La défaillance d'un homme doit nous rendre encore plus exigeants, plus intransigeants, et je le serai parce que je sais ce que cela représente pour les Français cette blessure.
L'exemplarité des responsables publics sera totale.

C'est mon engagement.
Je n'en dévierai pas et les Français doivent en être certains. »

Ma première réaction ? Le doute. Je doute de la parole de mon président, oui je le reconnais, c'est très mal ! Comment pouvait-il tout ignorer ? Et... cette question de démission...

Je relis son bref communiqué du 19 mars, après la

démission du ministre « *Je remercie Jérôme CAHUZAC pour l'action qu'il a conduite depuis mai 2012 comme ministre du Budget pour le redressement des comptes de la France. Il l'a fait avec talent et compétence.*
Je salue la décision qu'il a prise de remettre sa démission de membre du Gouvernement pour mieux défendre son honneur. »

Jérôme Cahuzac a-t-il quitté le Gouvernement à la demande du président comme prétendu le 3 avril ou a-t-il décidé de remettre sa démission de sa propre « *décision qu'il a prise* » comme prétendu le 19 mars ? Les deux ne sont pas possibles, monsieur le président... Je sais bien, on formule toujours ainsi, le mec viré on prétend qu'il a donné sa démission par grandeur d'âme... même quand on est un président normal ?

Jérôme Cahuzac avait écrit : « *Par respect pour le bon fonctionnement tant du Gouvernement que de la justice, j'ai décidé de présenter ma démission à Monsieur le président de la République.*

Cela ne change rien ni à mon innocence ni au caractère calomniateur des accusations lancées contre moi et c'est à le démontrer que je vais désormais consacrer toute mon énergie.

Servir mon pays dans cette période difficile a été un honneur. Nous avons engagé des réformes courageuses et indispensables. À la place qui sera la mienne je continuerai à soutenir l'action de notre gouvernement. Je tiens à redire toute ma gratitude au président de la République et au Premier ministre

186

pour la confiance et le soutien qui ont été constamment les leurs. »

Claude Bartolone avait « salué la dignité de la décision de Jérôme Cahuzac qui, alors qu'il n'était pas mis en examen, a préféré protéger le gouvernement et la France plutôt que sa propre personne ». Quelle clairvoyance. Oh, il l'a protégé, le gouvernement !

On croirait vraiment un candidat à la Présidentielle, ce François Hollande ! Il « entend lutter de manière impitoyable contre les conflits d'intérêts. » Où commencent les conflits d'intérêts ?

Quant à la conclusion de cette affaire, il est possible qu'un jour le président reconnaisse avoir "naturellement" entendu des rumeurs mais qu'il ne pouvait et ne devait pas les croire.

Des paroles aux actes ?

Peut-on lui faire confiance quand on se souvient de "l'agenda du changement : du 6 mai au 29 juin 2012", le programme de François Hollande :
« Signature d'une charte de déontologie et publication des déclarations d'intérêt par les membres du Gouvernement et circulaire du Premier Ministre étendant ces exigences aux membres des cabinets et plafonnant leurs effectifs. »

En 2012, avant les présidentielles, interrogé par l'ONG Transparence international France, François Hollande approuvait la proposition visant à « En finir avec les conflits d'intérêts ! » Il répondait « Oui » à

« *Seriez-vous d'accord pour rendre publiques des déclarations d'intérêts précises et instaurer l'obligation de s'abstenir de participer à une décision publique en cas d'intérêts personnels liés à la question abordée* » ? Avec pour commentaires : « *Je souscris à la proposition de TI France de prévenir les conflits d'intérêts dans la vie politique en rendant publiques des déclarations d'intérêts précises et en instaurant l'obligation de s'abstenir de participer à une décision publique en cas d'intérêts personnels liés à la question abordée.* » Pourtant, juste un exemple, Aurélie Filippetti auteur Lagardère continue à favoriser les éditeurs au détriment des indépendants. Aucun conflit d'intérêts ? Et maintenant qu'est partie votre compagne également en contrat avec Lagardère (Paris-Match chez la journaliste de gauche !) le conflit d'intérêt ne vous apparaît pas encore ?

Dites, monsieur le Président de la République, est-ce un conflit d'intérêts quand un auteur publié chez *Privat* est également Président du Conseil Régional subventionneur de l'éditeur ?

Est-ce un conflit d'intérêts de bénéficier du soutien de la *Dépêche du Midi* quand on s'appelle monsieur Martin Malvy ?

Est-ce que la *Dépêche du Midi* avec à sa tête le patron d'un département, patron d'un parti, se retrouve en fréquente situation de suspicion de conflits d'intérêts ?

Et je pourrais en formuler d'autres, des questions !

Martin Malvy et Jérôme Cahuzac

Du 2 octobre 1992 au 29 mars 1993, dans le gouvernement Pierre Bérégovoy, Martin Malvy fut « Ministre du Budget. »

Du 16 mai 2012 au 19 mars 2013, dans les gouvernements (1 et 2) Jean-Marc Ayrault, Jérôme Cahuzac fut « Ministre délégué auprès du ministre de l'Économie, des Finances, chargé du Budget. »

À vingt ans d'écart...

Jean Launay, député de la deuxième circonscription du Lot, dans son espace sous parti-socialiste.fr nous fit part du *"Meeting à Figeac le 12 avril, avec Jérôme CAHUZAC."*

Très intéressant ! C'était en 2012. Malgré la présence de monsieur Malvy, le maire de Villeneuve-sur-Lot fut à l'honneur.

"Ils étaient plus de 300, jeudi soir, au meeting de soutien à François Hollande. Nicole Paulo, maire, présageait la victoire, en accueillant Jérôme Cahuzac, dans la salle Balène à Figeac « qui, a-t-elle dit, résonne encore de nos succès avec Martin Malvy ».
Le président de la commission finances à l'Assemblée nationale, député-maire de Villeneuve-sur-Lot, n'a pas mâché ses mots. « Sarkozy nous a opposé [s] les uns aux autres, ceux qui travaillent et ceux qui ne veulent rien faire, les bons et les méchants, durant 5 ans. Convenons-en, c'est un personnage hors du commun. Sa sphère privée

envahit tout jusqu'à la caricature. Ce n'est pas la pudeur qui l'étouffe, rien ne nous aura été épargné. Tout ça pour quoi : 1 million de chômeurs en plus, 600 milliards de dette en plus, 70 milliards de déficit commercial en plus...»

Pour paraphraser M. Cahuzac : durant 15 ans, Malvy nous a opposés les uns aux autres, ceux inféodés aux éditeurs et les indépendants...

Sur les finances, sa grande spécialité donc :

"Parlant finances : « Il faut nous désendetter, c'est une question de souveraineté nationale. Il faut réformer la fiscalité et que chacun y contribue selon ses possibilités, faire en sorte que les revenus du capital y contribuent autant que ceux du travail. Il faudra faire un effort de 30 milliards d'euros par an ». Martin Malvy, président de Région Midi-Pyrénées, avait fait remarquer déjà : « François Hollande fait 60 propositions pour la France, pour donner une autre conception de la République et de ses valeurs. Il sait l'état dans lequel il va récupérer le pays. Il y a 8 millions de Français sous le seuil de pauvreté, un écart de 225 milliards d'euros entre les balances commerciales française et allemande. Le modèle Sarkozy, c'est un modèle où ceux qui ont les moyens paient, et les autres, n'ont rien »."

Naturellement, le « que chacun y contribue selon ses possibilités », se limite au connu, exit le magot sorti discrètement de France.

Quant à monsieur Malvy, pour le paraphraser, ce sera « Le modèle Malvy, c'est un modèle où ceux qui ont les moyens sont soutenus, et les autres, marginalisés » ?

Merci pour la photo, monsieur Jean Launay, où l'on voit le Jérôme Cahuzac à la tribune avec à sa droite assis Martin Malvy puis vous et à sa gauche Gérard Miquel puis Jean-Marc Vayssouze... Elle aurait pu servir à promouvoir la belle équipe durant cette campagne ! Non ? Il va falloir des ciseaux soviétiques pour retirer celui qui n'a jamais existé...

La culture dans le département du Lot

J'ai plusieurs fois rencontré monsieur Gérard Amigues au début des années 2000... il semble l'avoir oublié... il m'avait même acheté *Liberté, j'ignorais tant de Toi*, lors d'un salon du livre... et envoyé vers l'Adda... Sa porte au Conseil Général ne me semblait pas ouverte !

J'ai contacté, début 2012, Monsieur le 6ème vice-président du Conseil Général, Monsieur Gérard Amigues, « Vous êtes chargé de la culture, du patrimoine et des usages informatiques, et qui plus est avez participé au livre *Archives de pierre les églises du Moyen âge dans le Lot*. Vous connaissez donc parfaitement le sujet sur lequel je me permets de vous questionner.

Ce livre *Archives de pierre les églises du Moyen âge dans le Lot*, qui semble intéressant dans sa présentation officielle, est spécifié "*fruit des six années d'inventaire et études scientifiques de l'architecture médiévale du département, menés depuis 2005 par le Conseil général du Lot et la Région Midi-Pyrénées dans le cadre de l'Inventaire général du patrimoine culturel, avec la collaboration de l'Université Toulouse-Le Mirail.*"

Ce livre est spécifié "*coécrit sous la direction de Nicolas Bru, conservateur des Antiquités et Objets d'Art, par Gilles Séraphin, architecte du Patrimoine, Maurice Scellès, conservateur en chef du Patrimoine, Virginie Czerniak, maître de conférences en histoire de l'art, Sylvie Decottignies, ingénieur d'études, et Gérard Amigues, vice-président du Conseil général.*"

J'ai aussi lu la page 25 de "Contact Lotois", entièrement dédiée à sa publicité.

Et pourtant, je n'en ai trouvé aucune version numérique gratuite.

Toute recherche payée avec l'argent public devrait désormais conduire à une publication gratuite en ebook. C'est la position défendue dans plusieurs de mes e-books. La considérez-vous scandaleuse ?

Gilles Séraphin, Virginie Czerniak, Sylvie Decottignies, semblent donc avoir été payés par leur employeur pour travailler sur cet ouvrage. Il est possible que vous considériez que votre participation ne participe pas de vos fonctions d'élu. Donc est-ce votre contribution qui empêche la mise à disposition gratuite de cet ouvrage collectif ?
Il me semble "surprenant" mais surtout anachronique, que le département offre aux éditions Silvana Editoriale (plus un imprimeur lotois ?) et aux libraires, la possibilité de se partager la majeure partie des 39 euros de cet ouvrage. Pas vous ?»

Sa réponse eut le grand mérite de la clarté : la « *publication a été confiée à un éditeur spécialisé, sous la forme d'un pré-achat lui assurant la viabilité économique du projet. Les auteurs ont été rémunérés dans le cadre de leurs fonctions générales pour les institutions qui les emploient, et non spécifiquement pour la rédaction de l'ouvrage : ils ont concédé leurs droits d'auteurs payants, ce qui a permis de baisser le prix de vente unitaire au profit de l'acheteur.* » Oui, monsieur Gérard Amigues a bien noté au profit de l'acheteur, et non de l'éditeur, et non des libraires. 39 euros, aucun droit d'auteur à payer, un pré-achat par le Conseil Général du Lot ! Un éditeur bien engraissé ! Et des libraires qui toucheront une rondelette somme ! J'ai naturellement essayé de continuer ce dialogue postal en lui signalant, le 20 juillet 2012, qu'il est infondé de prétendre « *sans garantie de pérennité dans le temps au regard d'évolutions technologiques permanentes pouvant rendre de tels supports rapidement obsolètes* » au sujet des ebooks.

La première partie de sa phrase contenant aussi un élément contestable « *il n'a pas été envisagé de développer de version ebook de l'ouvrage, dans la mesure où cela aurait engendré un coût de développement plus important pour les deux collectivités partenaires* », je lui ai donc appris qu'il suffit de quelques heures (pour la gestion des tables) pour transformer un document word ou works en ebook, à comparer aux "*six années d'inventaire et études.*" Malheureusement, il semble que le dialogue fut interrompu !

Profitant de la relecture de la Saint Casimir, me sentant en verve après une bafouille à monsieur Perez, j'ai pensé qu'une pathétique longue lettre en recommandé susciterait peut-être une risible réponse ! Oui, je doute que monsieur Amigues prenne son bâton de justicier pour transformer la politique du CRL. Go ! Je pense inévitable les redites avec d'autres passages ! Vive le copier coller... l'essentiel étant de les titiller au point qu'ils concèdent des réponses dont l'histoire (après les rares lectrices et lecteurs de mes livres) se chargera du jugement.

Monsieur Gérard AMIGUES
6ème vice-président,
Conseil général du Lot
Avenue de l'Europe - Regourd
BP 291
46005 Cahors cedex 9

Montcuq le 4 mars 2013

Monsieur le 6ème vice-président,

D'après les informations collectées, il semblerait qu'au sein du CRL Midi-Pyrénées, où vous siégez, nul ne connaisse vraiment l'existence d'une profession libérale auteur-éditeur, ainsi déclarée à l'urssaf (N°SIREN ---------) et au service des impôts (déclaration contrôlée, BNC, avec même un numéro de TVA Intracommunautaire FR42--------- dans mon cas). L'édition, ce serait soit du compte d'éditeur soit le compte d'auteur. L'indépendance n'existe pas (ou doit être assimilée au compte d'auteur ?).

Connaître vraiment serait respecter. Non ?

L'auto-édition (autre appellation pour l'administratif auteur-éditeur) est une vraie profession. J'en suis même l'un des symboles au niveau national, auteur du "*manifeste de l'auto-édition.*" Madame Aurélie Filippetti, ès ministre de la Culture, écrivait d'ailleurs récemment « *l'auto-édition est riche de promesses.* » Mon combat pour sa reconnaissance passe donc par la dénonciation de votre position, de votre politique.

Vivant depuis 1996 dans le Lot, vous auriez pu devenir, Monsieur Amigues, un interlocuteur privilégié de mon activité artistique. Les portes de l'Adda me furent fermées d'une manière peu élégante. Aucune manifestation d'envergure ne sembla intéressée par ma présence. Vous préférez financer d'autres domaines, de la librairie aux éditeurs en passant par le passé.

14 livres en papier, une soixantaine d'ebooks, 12 pièces de théâtre, 3 albums d'auteur (interprétés par une vingtaine d'artistes), quelques centaines de photos publiées et pourtant des revenus très faibles.

Mon indépendance a semblé vous déplaire ! Le Lot, terre des clans, n'aime pas les indépendants ?
Je vais donc quitter le Lot, quitter la France.

Mes revenus littéraires me permettent d'envisager des conditions de vie décentes uniquement dans un pays d'Afrique francophone.

Depuis des années, je tiens en vivant de peu, sous le seuil de pauvreté, en travailleur indépendant, une modeste profession libérale. Je paye mes charges Urssaf, rsi... et il arrive un moment où il devient impossible de vivre avec encore moins.

Vous siégez au CRL, vous êtes donc également responsable de l'exclusion des écrivains indépendants des bourses d'auteur. Oui, avec 8000 euros je passais ce tunnel. Mais mon dossier n'est pas recevable : je suis un travailleur indépendant, une profession libérale. Pour avoir lu quelques confrères qui ont bénéficié de ces aides, je peux pourtant vous assurer que mes écrits ne sont pas forcément inférieurs ! Naturellement, je poserai publiquement et politiquement la question de la constitutionnalité d'une telle discrimination. D'ici ou d'ailleurs.

Pensez-vous, Monsieur Amigues, comme Emmanuel Todd, qui le résuma d'une phrase médiatisée « *la vérité de cette période n'est pas que l'État est impuissant, mais qu'il est au service de l'oligarchie* » ? (www.oligarchie.fr approuve naturellement !)

Les plus riches quittent la France car ils ne se considèrent redevable de rien et les plus pauvres ne peuvent plus vivre dans ce pays où l'argent de la culture est siphonné par des installés et des structures. L'échec moral de la gauche se situe également dans ce constat.

Je continuerai donc d'écrire ailleurs (sauf naturellement si mes dernières publications, que je lance ces jours-ci dans une perspective stendhalienne de loterie, principalement l'essai racontant mes difficultés, et mon sixième roman, me permettent de rester ! c'est le côté merveilleux de l'aventure, presque tout reste possible jusqu'au mot fin, même si un tel happy end semble improbable), j'abandonnerai ainsi le projet de présenter les 340 communes du Lot en photos (je vais naturellement publier de manière symbolique, avec explications, Figeac et Limogne ; non il ne s'agit pas d'une demande de préface ; je m'en chargerai !)

La révolution numérique viendra également dans

l'édition, Monsieur Amigues. Vous préférez écouter et soutenir les doléances des installés mais heureusement Amazon, Kobo, Itunes, Barnes & Noble et même Google parviendront à déchirer ce cordon de subventions et préjugés qui fige la création en France. Non, monsieur Amigues, la création ce n'est pas de l'animation sponsorisée par la *dépêche du midi* ! Nous ne sommes pas au service des municipalités, départements, régions, notre perspective est historique.

L'Histoire jugera sévèrement celles et ceux qui ont servi les intérêts des installés au détriment de la Culture. Il en fut toujours ainsi mais la grande différence, c'est l'accélération : ils étaient morts depuis bien longtemps, les politiques, quand l'opinion publique s'apercevait enfin de leurs erreurs. Si vous aviez lu mes écrits depuis l'an 2000, vous sauriez qu'ils contenaient déjà ces analyses, dont le résumé rapide ne doit pas vous permettre de les écarter d'un sourire.

Mon problème est de tenir jusqu'en 2015. Il n'y a pas de place dans ce département pour un écrivain indépendant, OK, j'en prends note, monsieur le vice-président chargé de la culture. Il était donc normal que je vous écrive cette lettre. Avec la prétention de penser qu'elle restera.

Veuillez agréer, monsieur le 6ème vice-président, mes respectueuses salutations.

P.S. : j'ai bien noté votre absence de réponse à ma lettre du 20 juillet 2012.

La Réponse de Gérard Amigues

Réponse officielle, d'un élu, sur une feuille blanche au logo "LOT Conseil Général"... LIMOGNE, mercredi 13 mars 2013.

« Monsieur,

J'accuse réception de votre courrier et vous fait part de ma surprise car il n'attend en fait aucune réponse si ce n'est celle-ci qui vous donnera peut-être la satisfaction de savoir que j'en ai pris connaissance.

Vous semblez Monsieur me porter bien des griefs qui me rappellent par ailleurs les violentes diatribes à mon encontre d'un habitant de MONTCUQ qui s'exprimait il y a quelques années sur le Web alors que je n'avais jamais eu l'occasion de le rencontrer bien que ma porte soit ouverte à tous !

Je ne répondrai donc pas à vos critiques appliquant par la même votre précepte : « connaître vraiment serait respecter ! »

Par ailleurs vous me faites état d'un courrier du 20 juillet 2012 auquel je n'aurais pas répondu, j'en suis fort surpris car j'ai toujours eu à cœur (et je le prouve par ce courrier) de répondre à ceux qui m'écrivent ; si son propos était par ailleurs de la même tonalité soyez convaincu que j'en aurai le souvenir.

Veuillez agréer, Monsieur, mes salutations distinguées,

Gérard AMIGUES. »

Magnifique ! Je reprends la parole... Elle est magnifique, cette réponse, tellement déphasée, prétentieuse, responsable mais non coupable... Néanmoins, je l'ai égarée durant des mois ! Mais rien ne se perd dans mon désordre... tout s'égare, souvent... et réapparaît sans chercher... Les lettres suivies destinées à monsieur Amigues au Conseil Général semblent s'égarer également... donc de nouveau le recommandé... pour la suite...

Montcuq le 12 janvier 2014

Monsieur le 6ème vice-président,

Politique culturelle départementale, achats BDP, CRL, vous n'avez apporté aucune réponse à mes questions, indignations. Tout va très bien ! Tout va très bien ! Le gentil monsieur Amigues ne comprend pas pourquoi le méchant Ternoise, même pas inféodé aux éditions Privat, contester son action ! [précision pour ce livre : la tournure de phrase vous semble osée ? mais il s'agit d'interpeller... en "bon français scolaire" ce passage serait souligné en rouge... J'ignore si monsieur Amigues a saisi cette subtilité... puisse ce modeste bouquin au moins servir à élucider ce mystère lotois...]

Votre "réponse", où vous utilisez le procédé peu glorieux consistant à ne pas voir les questions pour ne pas aborder les points essentiels, étaye votre très mauvaise réputation auprès des écrivains. Naturellement, les "écrivains" (ou assimilés, prétendus) si souvent prompts à dénoncer votre comportement derrière votre dos, osent rarement vous placer un miroir devant le regard. Mais les gens de plumes ne sont pas les seuls "intimidés", je doute fort que vous auriez le courage de vous opposer à monsieur Malvy Martin ou monsieur Miquel Gérard si l'une de leurs décisions vous choquait (le cas ne s'est peut-être jamais produit ; il s'agit juste d'une impression d'un citoyen lotois vous observant depuis plus d'une décennie).

Oui, je vous critique, monsieur Amigues, n'ayant vu chez vous aucune volonté de rendre la société plus juste et ouverte mais constaté vos aides aux installés pour maintenir leurs privilèges.

1) Ainsi vous pensez, prétendez, ne jamais m'avoir rencontré ! Et ne comprenez pas que j'ose depuis une décennie vous critiquer ! Oui, 2004, un article sur montcuq.info Et depuis 2004 la situation dénoncée perdure. Je dénonçais alors que la Bibliothèque départementale de prêt du Lot n'avait, selon sa réponse « *aucune marge de manœuvre* » pour acquérir les livres des écrivains indépendants (alors que mes premiers bouquins furent acquis par la BDP). 180 000 euros destinés aux « marchés publics » en 2004, combien depuis ? Vous avez, monsieur Amigues, choisi de marginaliser les indépendants en appliquant d'une manière choquante la loi des marchés publics. Vous êtes responsable de cette politique. Comment la justifiez-vous, culturellement, éthiquement ? (sans le blabla du "grands éditeurs = culture"... il suffit d'observer les publications Hachette, Gallimard, Privat...)

2) Au CRL Midi-Pyrénées, où vous siégez, la profession libérale auteur-éditeur n'est pas considérée comme un statut ouvrant droits aux avantages de la qualité d'écrivain. L'édition, ce

serait soit du compte d'éditeur soit le compte d'auteur ! Avec l'indécente prétention d'aider les "structures les plus fragiles" (quand on sait par exemple que monsieur Pierre Fabre est mort 58eme fortune de France et la place des éditions Privat au CRL).

Avez-vous, depuis que j'ai soulevé ce problème (vers 2002), tenté de lutter contre cette injustice ? Profession libérale, je ne peux prétendre à une bourse d'auteur de 8000 euros. Mais je ne me suis pas immolé devant le bureau de monsieur Malvy Martin ni de monsieur Baylet Jean-Michel ! C'est Jack-Alain Léger qui s'est suicidé en 2013.

3) Vous avez donc reconnu, avoir, via un pré-achat, permis l'édition en papier, sans risque financier, du livre *Archives de pierre les églises du Moyen âge dans le Lot*, au bénéfice des éditions Silvana Editoriale et des libraires, ce qui constitue un avantage financier honteux et scandaleux pour un éditeur indépendant devant vivre sous le seuil de pauvreté. En vous relisant en 2014, vous ne vous apercevez même pas du grotesque de votre réponse sur l'absence de version numérique ? Sans aucune aide, j'aurais édité en papier et numérique ce livre, si vous m'en aviez donné les droits plutôt que de les offrir à cet éditeur en lui signant en plus un gros chèque ! 2000 exemplaires à 39 euros, avec votre pré-achat, elle est belle votre politique culturelle ! Mon catalogue comporte une centaine de livres en numérique, une cinquantaine en papier, sans aucune aide quand l'argent coule à flot pour les notables.

4) Votre porte est ouverte ! C'est nouveau ! Je suis passé dans la catégorie des "recevables" ! Lors

d'une de nos rencontres, dans un modeste salon du livre, vous m'aviez envoyé vers l'ADDA, où je fus très mal reçu. Maintenant que je suis traduit en anglais, allemand, espagnol, que j'ai publié plus de cent livres, il me suffirait de prendre la carte du PS ou du PRG, appeler à voter pour les notables, pour entrer dans votre Kulture ? Mais même avec une porte ouverte, je n'ai rien à faire dans votre bureau, Monsieur Amigues. Toutes les portes me furent fermées sous vos mandats, dans le département comme au CRL, comme dans la dépêche de votre ami Baylet, votre "contact lotois"... On n'aime pas les indépendants, dans cette région du clientélisme. Naturellement, vous pouviez penser dans les années 2000 que jamais les indignations d'un indépendant pourraient être entendues alors que "vous" possédiez tous les pouvoirs. [malgré une audience un peu plus élevée, je reste plutôt invisible]

5) Pensez-vous que monsieur Malvy Martin puisse rester président de notre région alors qu'il défend, dans son livre, la notion de clientélisme et la mémoire de son grand-père ? Avez-vous réclamé sa démission après lecture de ce livre ? [je doute que vous l'ayez lu ce livre, et naturellement votre dépêche n'a pas chroniqué "*Quand Martin Malvy publie un livre : questions de déontologie*" de... Stéphane Ternoise]

6) « *Si l'information n'est pas dans La Dépêche, elle n'existe pas, ce sont les avantages d'un monopole.* » Selon M. Jacques BRIAT, ancien député du Tarn-et-Garonne. Avez-vous demandé l'interdiction de tout flux d'argent entre des instances représentatives et un quotidien dirigé par un homme politique élu ? Avez-vous dénoncé la

manière dont cette Dépêche informe son lectorat des publications de l'auteur Malvy Martin et ignore celle de l'auteur Ternoise Stéphane.

7) Question de Patrimoine : quel maître-verrier a réalisé le portrait du vénérable désormais Saint Jean-Gabriel Perboyre pour l'église St Urcisse de Cahors ? Cette information pourtant intéressante pour de multiples raisons, madame Laure Courget, conservatrice en chef du patrimoine, directrice du service patrimoine de la ville de Cahors m'a confirmé qu'elle était inconnue début décembre 2013. Dans mon livre sur Jean-Gabriel Perboyre, le Saint et Marty du 11 septembre, réalisé sans aide, vous trouverez la réponse.

8) Un élu de la République m'écrivait début 2013 : « *Vous n'avez pas choisi la facilité et je ne suis pas surpris que ni M Malvy ni M Amigues ne vous aient répondu : ils ne s'intéressent qu'à ceux qui représentent un intérêt politique, ceux qui peuvent être des relais d'opinion.* » Même si depuis deux réponses me sont parvenues, il ne s'agissait que des non-réponses, des confirmations du mépris pour la profession libérale auteur-éditeur. Etes-vous surpris qu'un élu ait pu m'écrire ainsi alors qu'il vous côtoie ? Ces "gens qui vous connaissent" ne semblent pas tous vous apprécier (référence à votre lettre).

9) Vos tournures me rappellent celles de monsieur Maury Daniel. Il est vrai que maintenant vous êtes "de gauche" ! Question : après vos débuts notés (sur un document sûrement sérieux) "divers droites" sur des terres encore marquées par le Président Georges Pompidou puis votre étiquetage "divers gauches" quand PS et PRG se disputaient

(dans le bureau de monsieur ou madame Baylet ?) le leadership départemental vous êtes passé à la casquette PS. Est-ce pour obtenir l'investiture en 2015 ou le fruit d'une évolution politique humaniste et tout le blabla encore servi par une gauche lotoise qui naturellement n'est plus clanique ni clientéliste ?

10) Jack-Alain Léger s'est suicidé le 17 juillet 2013 puis Pierre Fabre est mort. Avez-vous été choqué que monsieur le Président de Région comme madame la ministre de la Culture ignorent l'écrivain et glorifient la grande fortune estampillée "Homme de culture" ? Dans mon *"Alertez Jack-Alain Léger !"* du 13 avril 2013 vous auriez découvert ou retrouvé son analyse « *Je n'étais d'aucune coterie, détestant ces douteuses solidarités fondées sur des affinités sexuelles, politiques ou alcooliques.* »

11) Informatique. Dès l'an 2000, mes premiers sites Internet, j'ai constaté le conservatisme des élus. J'ai même rapidement été viré du Rmi car mon projet Internet fut rejeté par le département (c'est peut-être ce que l'on retiendra de la période Miquel Gérard) Depuis cette période je demande une connexion à un débit correct. J'ai un contrat spécifié "haut débit" à 512k montant et 128 descendant ! Par une société bien gavée de subventions régionales et départementales. Elle est là, votre politique d'usage de l'Internet. Si tant de maisons sont à vendre depuis des années, l'absence d'un débit Internet décent n'y est pas étranger. Le Lot a raté le virage Internet. Vous considérez avoir pris les bonnes décisions ? Oui car les installés ont préservé leurs pouvoirs, ce qui semble être la ligne directrice de votre majorité ?

12) Culture, patrimoine, informatique. Vos responsabilités lotoises vous placent dans des domaines où vous ne pouvez me nier une certaine compétence. Dans d'autres domaines, il m'arrive d'entendre des critiques aussi fondées par des citoyens compétents. L'argent public se partage entre amis ! Certains, comme moi, dénoncent par écrits, d'autres n'ont qu'un bulletin de vote. Commencez-vous à prendre conscience que le vrai bilan de votre carrière politique (comme de celles de vos "camarades"), c'est l'inexorable montée du Front National et du Front de Gauche ? Commencez-vous à prendre conscience que les prétendus républicains ne parviendront plus à se maintenir sur le bateau des responsabilités avec le prétendu "Front républicain" ? En menant une politique pour les installés, contre toute initiative, vous vous êtes complètement coupés du "peuple de gauche." (le Front de Gauche ne commettra peut-être plus l'erreur d'appeler à voter au second tour pour ce PS) Vous sentez-vous responsable, coupable, quand des gens de gauche préfèrent voter FN, parce qu'il leur semble que ce soit la seule solution pour se débarrasser de gens qui ont trahi les idéaux de la gauche pour une petite place dans l'oligarchie ?

Par fatalisme des gens finissent malgré tout par mettre un bulletin "de gauche" dans l'urne... mais l'Histoire devrait vous avoir appris qu'à force d'être humilié, le peuple finit toujours par se laisser entraîner dans l'extrémisme... nous en sommes là... Il vous faut un FN à 30% pour sortir de votre autosatisfaction ? (et même alors, vous appellerez au "vote républicain", demanderez aux électeurs de se ressaisir ?) Naturellement, vous pouvez balayer mes critiques en vous considérant habité par de louables convictions. Ou par pire que certains. Et là je vous l'accorde...

Veuillez agréer, monsieur le 6ème vice-président, mes salutations et inquiétudes républicaines.

Cette lettre fut bien réceptionnée au Conseil Général. Au 18 février 2014, aucune réponse. Ce qui ne me surprend guère. Ne pouvant adapter sa réponse du 13 mars 2013, soit il n'y en aura pas soit des arguments devront, malgré tout, être opposés.

Au sujet des élections cantonales 2008 j'ai trouvé dans leur dépêche : « *Gérard Amigues, 62 ans, PS. Le sortant. Ce serait son quatrième mandat. Et il l'affirme, le dernier. Ce médecin, proche du président du Conseil général Gérard Miquel, est aussi sur la liste de Joël Massabiel, candidat* [à] *la mairie de Limogne.* »

Il me faudra bientôt batailler avec son successeur ? Ou à 69 ans, un âge sympathique, il rempilera, "pour rendre service" ?

Amigues Malvy et la Culture

J'ai envisagé de quitter la France. Vous pouvez lire : *Contrairement à Gérard Depardieu, dois-je quitter la France ? Exil littéraire au Burkina Faso pour les écrivains ?* Je n'en ai pas les moyens ! Oui, c'est difficile de quitter son pays quand on est pauvre. Qu'on soit africain ou français. Je continue à vivre nettement sous le seuil de pauvreté. Vendre certains de mes sites me permettra peut-être de tenir... Je ne vais pas insister sur ma situation précaire... Acheter le pain, les poules "offrent" les œufs... quelques arbres, un modeste jardin de mauvaise terre... et les meilleures promotions... le temps des « achats remboursés » est terminé ! Je suis ainsi presque devenu végétarien... Louis-Ferdinand Céline, Vincent Van Gogh ou Henry Miller ont connu pire... chaque époque engraisse ses pantins et méprises les créateurs engagés dans une œuvre majeure... avec en plus, aujourd'hui, une très bonne conscience des Malvy Amigues et compagnie... Ils ont leurs Torreton...

Ni monsieur Malvy Martin ni monsieur Amigues Gérard ne m'ont répondu « suicide-toi connard ! » Ils ne m'ont pas non plus invité à les rencontrer pour examiner quelle aide la région ou le département pourraient m'apporter... Mon catalogue ? Ils s'en foutent donc ! Crève, et après peut-être le Patrimoine récupérera tes photos... si tu deviens une forme « d'artiste incompris. » Certes, je ne cherche pas à être compris par des individus qui se comportent ainsi... Oh, je n'avais aucune illusion humaine, en écrivant : il s'agissait simplement d'obtenir des réponses pour les

publier... Je sais qu'il me suffit d'un déclic pour vivre de mes ventes... chaque livre peut l'être...
L'intéressant, c'était d'obtenir une réponse face à cette "détresse." Elle est belle votre gauche !

Dans certains départements, un créateur informant les élus de ses grandes difficultés, bénéficie d'aides exceptionnelles, naturellement quand elles sont justifiées... Pour étayer cette phrases : aucun exemple... mais c'est ainsi. Je connais ! Dans notre département, dans notre région, de quelle manière l'argent de la culture est "distribué" ?

« Suicide-toi connard ! » ou « comment puis-je vous aider ? » Vous avez l'impression que leurs réponses se situent plus près des trois ou cinq mots ? Exclamation ou question ?...

Leur réponse, même si monsieur Malvy a utilisé une plume guidée, c'est leur portrait. J'ai questionné dans ce but... Hé oui, les réponses écrites, certains les évitent... Les paroles s'envolent, se contestent, et les mots restent...
Malvy démission, Miquel démission... pas certain que les indignés chantonnent ainsi sur le pont Stéphane Hessel... Mais puisque ces hommes ont compris qu'il suffit d'offrir quelques strapontins (délégations) et un budget pour « leurs pauvres » à l'extrême-gauche afin qu'elle se rallie... ils auraient tort de s'en priver !... nos « écologistes » s'attrapent de la même manière...

Dans un style voltairien, un élu respectueux de la Culture m'aurait écrit, même s'il n'était pas d'accord avec mes analyses, qu'il se battrait afin que je puisse les exprimer, en obtenant les mêmes droits qu'un auteur inféodé à Lagardère, comme une présence au salon du livre organisé par la Région, ou la possibilité de postuler à une bourse du CRL.

Il est bien écrit : liberté, égalité, fraternité...

Après les municipales

Voilà, ce livre ne soutient personne, expose un système à combattre. Bien qu'il ne soit pas l'homme que j'aurais choisi si j'avais été consulté, vers 2012, pour préparer cette échéance : bonne chance à monsieur Roland Hureaux.

Le plus probable : Miquel et son fidèle sur l'ère de Cahors, Malvy à Figeac*, au département une femme fidèle MalvyMiquel compatible.
Et nous... on est dans la merde !
J'ai publié en ce début d'année une trilogie "un livre de merde". Il ne reste plus qu'à vendre de la merde en boîtes pour survivre. De préférence celle de l'AOC Montcuq. D'où
http://www.lamerdedemontcuq.com
Un peu de dérision provocation... sans buzz !

On fait quoi ? Un peu partout des petits groupes se le demandent, parfois limités à une personne (« je suis une bande de jeunes à moi tout seul... »).
Certain(e)s finissent par rejoindre l'extrême-gauche, celle qui a peut-être, enfin, la lucidité de ne plus servir d'apport au PRG-S. D'autres s'en approchent et s'en éloignent rapidement : ce n'est pas la solution, quand elle recycle de la "planification", une autre forme de contrôle de la société. Comme le bulletin FN... Finalement, le plus grand nombre sombre sous le fatalisme. On fait quoi, oui... Quand chaque candidat(e) promettant une autre approche finit par décevoir ?...

En 2007, j'avais appelé à voter François Bayrou. Je le pensais le plus apte des candidats. Il faut parfois

choisir... Puis il a raté ses années d'opposition à Nicolas Sarkozy, son modem scotché à bas débit, parasité par des opportunistes qui ont vu de la lumière et se sont précipités...
Cette analyse commence à être partagée... mais le premier qui dit la vérité...

Les "particularités" de notre département exposées, cette force "centre droit centre gauche" de femmes et d'hommes qui vivent ici, souhaitent continuer à y vivre, refusent de devoir rapidement choisir entre le PRG-S et le FN... cette force qu'il faudrait appeler "Front Républicain" si l'expression n'avait pas été galvaudée, cette "force républicaine" il nous la faut en 2015, pour le département et la région.

Si, historiquement, elle pourrait se situer dans la voie tracée par Pierre Mas et Michel Roumégoux, elle se doit de dépasser la simple résurgence UDF : une source de rupture du courant "radical" qui derrière de "belles valeurs" a toujours porté le clientélisme plus ou moins en bandoulière. Avec les "écologistes", pas ces candidats qui rejoignent la liste Malvy à la région ou le PRG-S à Cahors mais les citoyennes et citoyens, par exemple les électrices et électeurs du 16,60% départemental aux européennes 2009...
Cette source « écologiste » me semble même devoir être celle irrigant l'ensemble.
http://www.ecologiste.net

Les repères gauche-droite, pratiques, toujours utilisés, ne reposent plus, chez nous (peut-être même ailleurs !) que sur du vent, des discours, des postures. Faute de pouvoir exclure de "la gauche" (http://www.gauche.info) l'ensemble des élus ancrés dans le clientélisme, le mépris des non-inféodés... il convient d'adopter une autre approche... oui, parmi « l'extrême-gauche » actuelle, des citoyens seraient sûrement réceptifs à cette embellie démocratique...

De manière pragmatique, avec un FN qui oscillera vers 15%, une extrême-gauche qui ne suivra pas ce mouvement, cette "force républicaine" doit dépasser les 30% dans l'ensemble des cantons où elle se présentera... Dans l'état actuel de notre département, où les bastides PRG-S doivent tomber pour permettre un véritable "jeu démocratique", des accords avec l'UMP dont Aurélien Pradié semble le leader, apparaissent indispensables. Déjà en 2008, j'avais appelé à des candidatures d'opposition républicaine mais chacun semble avoir préféré "se compter", ainsi Daniel Maury fut réélu dès le premier tour sur le canton de Montcuq !
Partout, dans cette phase de reconquête démocratique, il convient, dans notre département, d'opposer une seule liste de vrai rassemblement au PRG-S. Ce ne fut pas le cas à Cahors pour ces municipales. Les protagonistes en sont responsables...

* J'ai peu abordé Figeac même... André Mellinger semble devoir devenir le nouveau maire... Formidable conclusion d'un article d'Audrey Lecomte dans leur *dépêche* : André Mellinger... « *A ses côtés Martin Malvy ne souhaite plus être adjoint au maire mais veut se consacrer à la présidence du Grand*

Figeac. « C'est un des premiers pas vers le non-cumul des mandats » souligne André Mellinger qui mise sur la « formation » de nouveaux élus. Avec l'envie de faire partager, à son tour, son expérience. »

Juste président du Conseil Régional et patron du Grand-Figeac pour ce jeune homme né en 1936.

Naturellement, les hommes essayent souvent de se maintenir le plus longtemps possible au pouvoir, ainsi Abdelaziz Bouteflika, né en 1937, réélu président de l'Algérien en 2009 avec 90,2 % des voix, briguera un quatrième mandat cette année...

Il peut servir d'exemple à monsieur Malvy en 2015, après trois mandats à la tête de la région... où l'on doit peut-être affirmer qu'il obtint un plébiscite... (relire les pages précédentes si ce genre d'humour vous est incompréhensible)

Un contact avec la Dépêche du midi !

Dimanche 23 février à 18h16 un mail m'informa :
Nicolas Perrin (@nicoprn) vous suit désormais sur Twitter !

Nicolas Perrin
@nicoprn
DUT journalisme Lannion comme bagage. Sur le terrain pour @ladepechedumidi Cahors. Hispanohablante #TeamOL
France · http://www.doyoubuzz.com/nicolas-perrin_3

Suivi par Guy DEBUISSON et 12 autres.
Abonnements: 846 · Abonnés: 560

Je regarde rarement la bio des internautes qui suivent l'un de mes comptes twitter... Il y en a peu mais quand même beaucoup... par rapport à certains !
4559 pour @ternoise
Mais Nicolas Perrin, j'avais retenu le nom...

Je me suis alors simplement murmuré en souriant "je suis surveillé" ! De la même manière quand la sacem avait découvert twitter, j'avais été l'un de ses premiers abonnements...

Mais le même jour à 20 heures 43, deux messages privés du même :
- Bonsoir avez-vous parlé de votre livre à La Dépêche du Midi Cahors ? Si tel n'est pas le cas pouvez-vous m'envoyer vos bonnes feuilles à nic----
----------@gmail.com merci
Que répondre ?

Mercredi 26 février 2014 à 09:11, finalement, ce fut :

Bonjour Nicolas,

Assez surpris par votre message ! Car j'avais cru comprendre qu'il n'y avait pas de place dans les médias traditionnels pour un écrivain indépendant, en profession libérale auteur-éditeur... mais peut-être qu'une nouvelle génération de journalistes sera plus réceptive à ce qui se passe en dehors des grandes maisons traditionnelles...

Je vous envoie donc... avant peut-être de parler des municipales de Cahors pour lesquelles mes interviews ne sont pas terminées... mon sixième roman, "le roman de la révolution numérique", réédité voici quelques jours sous le titre "le roman invisible."

Une soixantaine de mes livres sont disponibles en papier, une centaine en numérique.
Des pièces de théâtre ont été traduites en anglais, allemand et espagnol.

Amitiés

Stéphane
Stéphane Ternoise
http://www.ecrivain.pro
Auteur éditeur photographe producteur

http://www.cahors.pro
Vente directe : http://www.autodiffusion.fr

Romancier (http://www.romancier.org),
auteur de chansons
(http://www.auteurdechansons.net),
théâtre (http://www.dramaturge.fr)...

Créateur du salon du livre sur internet :
http://www.salondulivre.net/

Depuis, "naturellement", aucun autre contact !
Alors, la *dépêche*, vous n'informez pas vos jeunes
du cas Ternoise ?

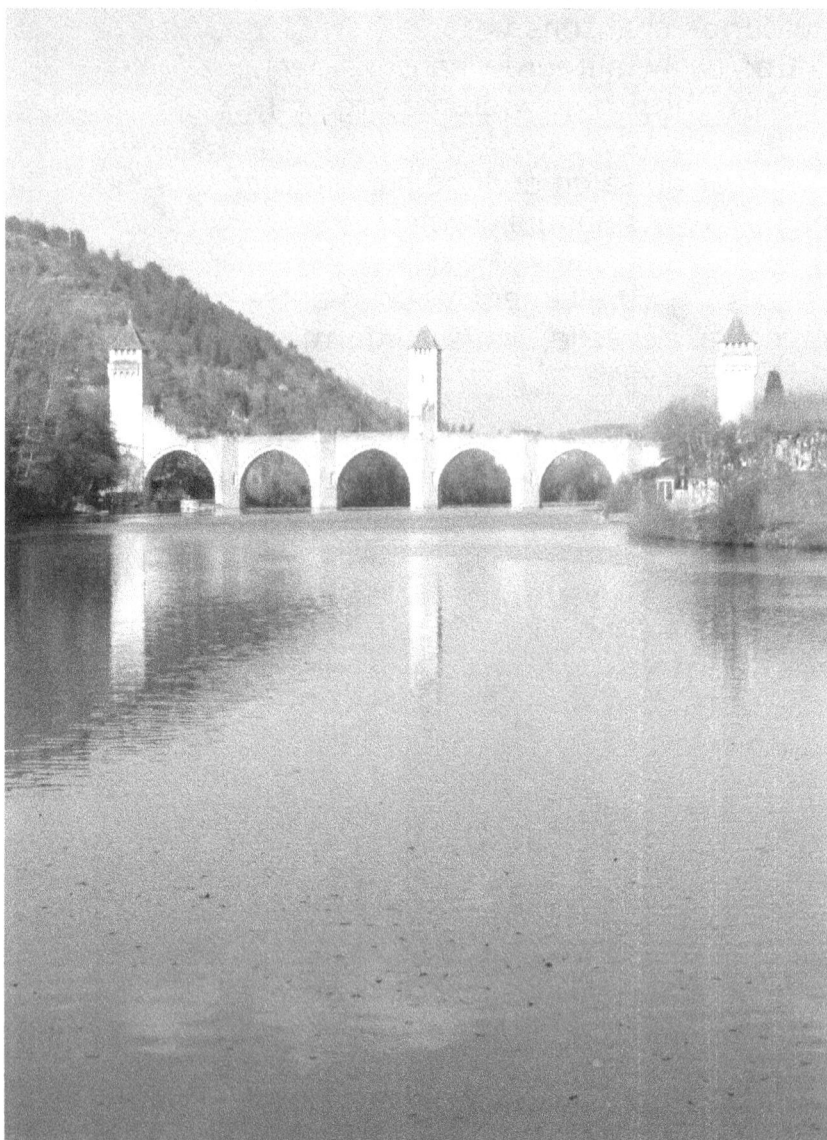

Le Pont Louis-Jean Malvy... mais non je plaisante, il ne l'a pas rebaptisé...

Les interviews

Naturellement, réfléchir à des questions et ne pas forcément obtenir une réponse peut vous sembler frustrant. Pourtant, dès le départ, j'ai douté de l'intérêt de certains de mes interlocuteurs pour mon projet ! Les questions devaient s'insérer harmonieusement dans le livre... Ensuite, l'Histoire jugera !

Frédéric Dhuême

- Pourquoi cette envie de candidature alors que vous n'appartenez à aucun parti politique ?
- Pour dire vrai (je déteste le mensonge, ma philosophie étant « MENTIR, N'EST PAS GUERIR ! »), cet engagement n'avait à l'origine rien de politique, mais un engagement citoyen franc et sans programme si ce n'est celui basé sur la dignité humaine complètement bafouée dans notre fausse démocratie excluant les plus pauvres tout en substantant les gros patrons dédaigneux de payer un minimum d'impôts qui serait une opportunité de création d'emplois. Mais je suis utopique comme disent les langues sincères(?) totalement dénuées de sens réaliste.
Je ne prends plus d'étiquette politique, car la démocratie (fausse, soit-elle) donne au peuple souverain la délégation de son pouvoir à des élus

devenus lâches une fois le bulletin validé en poche.

Je suis dans la contestation permanente, d'où ma devise : « *je suis né en gueulant, je mourrai en dégueulant !* »

Je privilégie la femme et l'homme qui rejoint mes convictions les plus profondes, les plus ancrées en mon âme et conscience, qu'importe le parti politique ! « *L'opportuniste* » de Jacques Dutronc, je connais et cette chanson me va à merveille et je me moque pleinement de celles et ceux n'ayant pas compris le message. La provocation est une discipline que je manie avec tact et humour, même si celui-ci est corrosif. C'est cela la démocratie.

- Vous avez réussi à intéresser les médias à votre candidature... ça c'est passé comment ?
- Le plus naturellement possible. Sachez que les médias sont une force autonome et intermédiaire entre le haut et le bas de la « pyramide de Maslow ». Même si parfois il y a des couacs entre ce qu'on l'on dit à cœur ouvert et l'interprétation faite par les professionnels de l'information. C'est parfois navrant, certes, mais pousser les portes des rédactions est un geste courageux m'ayant été souvent favorable afin d'exprimer mes opinions. Tout le monde est capable de faire la même chose au lieu de parler dans un vide sidéral de mépris et d'indifférence dans un anonymat abjecte !

J'en ai pas fini d'en pousser des portes rédactionnelles. Loin s'en faut. Il en est d'un devoir citoyen afin de dénoncer le dénonçable. Ce que j'appelle : « la délation positive ! »

- Pourtant, au final, vous ne participerez pas à ces municipales.

- Faux !! J'y participe indirectement. Ne pouvant déposer ma liste des citoyens mécontents, j'ai donc décidé de faire une campagne médiatique contre la politique socialiste obsolète.

- Première raison : les 35 noms sur la liste, vous ne les avez pas.

- Effectivement, il est compliqué de réunir autant de monde ayant envie de hurler leur indignation face à un pouvoir en place exerçant une politique libérale et ultra-mondialiste à peine voilée.

Les quelques personnes qui se sont présentées sur la liste n'ont malheureusement pas joué le jeu, accepté ses règles. Je ne porte pas dans mon cœur les tricheurs !

- Pensez-vous que cela soit lié à votre personnalité, votre démarche, votre arrivée récente dans le Lot ou à la situation politique à Cahors ?

- Si ma personnalité porte atteinte à l'inconscience de certaines personnes, je m'en réjouis sans ménagement. Quant à ma démarche, ayant le courage de mes convictions, je n'ai rien à rajouter si ce n'est que s'investir de la sorte est aussi prendre des coups à leur place. Ce n'est pas anodin. Je trouve d'ailleurs assez malveillant de leur part ce genre de comportement peu logique à mon goût. Prendre la défense de celles et ceux qui galèrent et être montré d'un doigt imprécateur, c'est odieusement ridicule.

- Deuxième raison : l'absence de mandataire financier, cette obligation dans les villes de plus de 9000 habitants.

- Un mandataire financier (qui avait rejoint la liste d'Ellen Dausse avant qu'elle ne jette l'éponge) s'était proposé. Il m'affirmait mordicus de son concours et promit son soutien. Hélas, je me suis encore fait berner. Pas de mandataire financier, pas de possibilité de campagne. La loi est ainsi faite.

- Cet "échec" me semble avoir été une très bonne expérience... l'avez-vous vécu ainsi ?

- Ce n'est guère un échec et je ne suis pas « mat ». C'est une belle expérience de courage et de volonté. S'engager reste une épreuve qui demande une certaine obstination. Je suis un obsessionnel non d'occasion, mais aguerri par les épreuves de la vie. Je me plains de beaucoup de choses, mais je mène un combat personnel contre l'État français et à la fois un combat impersonnel pour que la jurisprudence ait un effet positif.

- Serez-vous candidat sur l'une des 4 ou 5 listes qui semblent rester en lice ?

 - Non, je ne serai pas candidat sur une autre liste. Ma posture ne me le permet pas. Néanmoins...

- Avez-vous eu des contacts avec ces autres listes ? Avez-vous essayé de les contacter ?

- J'ai réussi à rentrer en contact avec Roland Hureaux et son chargé en communication. Chose que je n'ai pu réaliser envers Jean-Marc Vayssouze-

Faure, peu préoccupé à entendre ce que j'avais au plus profond de mes tripes. Un maire se doit d'être proche de tous ses administrés quel que soit son niveau social. J'ai donc donné procuration de vote à Roland Hureaux, qu'importe l'étiquette qu'il trimbale. J'en ai aucunement honte, surtout que je pars tout le mois de mars à Boulogne-sur-Mer (ma ville natale) supporter mon ami Nicolas Magere tête de liste du Front de Gauche. Contradictoire ? Non, l'humain d'abord !

- **Seule une triangulaire, donc la qualification de la liste menée par Isabelle Eymes qui a annoncé ne pas vouloir fusionner avec celle du maire sortant, me semble pouvoir faire perdre l'union PS-PRG-VERTS, partagez-vous cette analyse ?**
- Elle a parfaitement raison et je la rejoins dans son courage de faire obstacle au maire sortant. Il doit sortir coûte que coûte et tous les moyens doivent être mis en œuvre pour parvenir à le déloger. Je veux y croire !

- **Après les municipales, les Européennes, l'année prochaine les départementales et régionales... serez-vous de ces combats lotois ? Souhaitez-vous constituer une alternative politique ?**
- Pour les Européennes, on m'a bien proposé de rejoindre la liste UPR (Union Populaire Républicaine). J'y réfléchis, mais rien n'est sûr. Concernant les départementales et les régionales, si

je m'engage, ce sera à Boulogne-sur-mer où je songe retourner vivre. Je n'ai pas l'envie de m'ennuyer plus encore à Cahors. Mes racines me manquent, ainsi que ma famille et mes amis « ch'timi ».

"Cahors à gauche" et l'ancienne enseigne : "jour de fête."

- Contrairement à la liste menée par Isabelle Eymes, vous avez annoncé votre intention de fusionner avec la liste du maire sortant au deuxième tour. Pensez-vous que ce PS-PRG puisse apporter des réponses alors qu'il semble continuer sur la voie tracée par messieurs Miquel et Malvy ?

- Si nous avons choisi l'autonomie en la proposant à nos partenaires du Front de gauche, c'est bien parce que nous sommes irréductiblement opposés au PS sur leur pratique de s'accommoder de l'austérité gouvernementale et de s'inscrire obsessionnellement dans la gestion de la pénurie.

Toutefois nous avons considéré que la présence d'élu-e-s de Cahors à Gauche dans la précédente municipalité a été utile sur plusieurs dossiers, scolaire, économie sociale et solidaire, précarité du personnel municipal et nous voulons continuer dans cette voie de porter des solutions audacieuses et novatrices à la population cadurcienne. L'incantation n'est pas notre crédo. Les réponses de MM Miquel et Malvy dans leur territoire respectif n'entrent pas en ligne de compte. Si la droite gérait le conseil régional ou général, notre position eut été identique. Et nous aurions la même attitude dans les autres instances.

Le choix du regroupement de la gauche au 2ème tour à Cahors s'impose pour nous car il ne faut pas laisser à la droite l'espoir d'un retour gagnant. On a vu de 2002 à 2008 ce dont elle est capable : elle a mis Cahors à genoux.

La prise de position de la liste I.Eymes (qui fédère des mini-partis, souvent en contradiction avec leur direction nationale pour ce qui est du PG et Ensemble), de refuser le rassemblement de la gauche au 2ème tour constitue de notre point de vue une impasse suicidaire. Le PCF n'a pas initié le Front de Gauche pour le voir désespérer le peuple de gauche, y compris celui qui a voté F Hollande au 1er tour avec l'espoir d'un changement, mais pour modifier le curseur de la gauche, bâtir une majorité populaire portant un projet de transformation sociale. Et cela ne se fera, comme par le passé, qu'en rassemblant majoritairement la gauche. Il nous faut inventer un front populaire du 21ème siècle. L'extrême gauche n'y suffira pas !

- Présenté autrement : votre liste apparaît comme un soutien à celle du maire sortant pour éviter une triangulaire avec Isabelle Eymes et donc un risque de défaite de Jean-Marc Vayssouze-Faure ?
- Comment peut-on prétendre que notre liste soutient JMV alors que nous nous opposons à lui ? Autre chose est de considérer si nous devons laisser à la droite la gestion de la ville avec les conséquences désastreuses sur la vie des plus démunis en se maintenant au 2ème tour ou si nous devons organiser la résistance à l'austérité comme ont pu le faire les élu-e-s sortant de Cahors à Gauche.

L'impasse droite = PS, on a vu ce que cela donnait à Saint Géry lors des dernières cantonales où l'attitude du PG et du NPA a permis l'élection d'un authentique politicien de droite et on peut se demander pour quelle avancée de la démocratie et des dossiers dans ce canton ? le voilà qui soutient le projet de Miquel d'une voie verte sur Cahors Capdenac.

« Cahors à Gauche » liste présentée par le PCF dès 1995, ouvert à la société civile, a toujours réalisé depuis 20 ans des scores proches de 15 % et parfois plus. En 2014 elle intègre, plus encore, des candidats issus de cet électorat de gauche qui est déçu de la politique de F. Hollande mais qui pour autant ne met pas un trait d'égalité entre le PS et la droite. Elle est donc assise sur un bon potentiel.

La démarche FdG qu'ont refusé nos partenaires, ce que nous déplorons, aurait immanquablement boosté les résultats. Une liste d'extrême-gauche à Cahors dont on connaît assez bien les résultats électoraux ne changera guère les données. Et c'était avant que le NPA n'explose en plusieurs courants.

- Probablement, terminerons-nous l'année avec Gérard Miquel sur l'ère de Cahors, Martin Malvy sur celle de Figeac, le département entre les mains d'une femme choisie par Gérard Miquel avec la bénédiction de Martin Malvy.
Que vous inspire cette hypothèse ?
- Ce sont les électeur-trice-s qui choisissent leurs élu-e-s même si un scrutin électoral inique prive la gauche de gauche et d'autres courants de pensée de représentation. Tant qu'on ne parviendra pas à convaincre que l'austérité gouvernementale est mortifère pour le département et la région et qu'un changement de direction est nécessaire pour assurer un développement différent avec des innovations locales en tous domaines : démocratie participative, services publics, transition écologique,

nous aurons des gens qui géreront, parfois avec talent, la pénurie.

- Que ce soit à Cahors, au département ou à la région, depuis des années vous finissez toujours par vous offrir au PRG-PS... Vous ne devez donc pas être surpris qu'une autre liste représente l'extrême-gauche à Cahors ?
- Les militants communistes et leurs ami-e-s qui sont présents dans les municipalités d'union de la gauche ne s'offrent pas ni au PS et ni au PRG, ils œuvrent pour des changements concrets, utiles pour les gens et souvent les plus modestes. S'ils n'étaient pas là, occupés seulement à spéculer sur la défaite du PS, il n'y aurait pas eu le maintien des arrêts en gare de Gourdon et de Souillac, ce sont eux qui ont lancé le mouvement, il n'y aurait pas eu la fin du financement de l'école privé maternelle par des deniers publics à Cahors, etc...
L'extrême gauche a parfaitement le droit de défendre ses idées et son programme. Ce qui est désolant c'est que le Front de Gauche, dans toutes ses composantes n'ait pas une liste à Cahors comme le réclamait JL Mélenchon qui a d'ailleurs condamné l'attitude du PG local cadurcien.

- Rallier le PRG-PS pour "battre la droite", n'est-ce pas une manière de maintenir au pouvoir des personnes qui n'ont de gauche que l'étiquette ? Ne pensez-vous pas que ces notables ont besoin d'une bonne cure d'opposition, ou de la retraite, pour que la gauche puisse redéfinir un programme ?
- La politique du pire n'a jamais été pour nous la solution. On sait ce que cela donne et c'est quand la

gauche a su se dépasser qu'elle a accompli de grandes choses. Les conditions pour un grand sursaut de la gauche face aux mobilisations de la droite et de l'extrême droite, face aux choix d'austérité du gouvernement et au pacte de responsabilité, se dessinent. Des forces diverses y travaillent. La gauche de Gauche a son programme, c'est le programme populaire partagé du Front de Gauche. Il s'agit seulement maintenant de convaincre tout le peuple de gauche et pas seulement son extrême de sa pertinence, de sa modernité, de sa faisabilité.

- Cahors est parfois présentée comme une "ville de gauche sans FN"... Pourtant Marine Le Pen, au premier tour de l'élection présidentielle 2012, avait obtenu 1 443 voix, soit 13% des exprimés. Comment, selon vous, va se comporter cet électorat ?

- Le FN qui a toujours été marginalisé dans le Lot où la mémoire est encore vive de ses exactions quand l'extrême-droite pactisait avec les nazis, n'a trouvé du souffle que dans les régressions sociales successives portées par la droite et parfois par le PS comme en ce moment. La dé-diabolisation du FN qui a servi un coup à rendre la droite inéligible et un autre coup à faire sauter le verrou entre la droite républicaine et l'extrême droite n'y est pas non plus pour rien. Le programme du FN est calqué sur celui du Medef pour l'économie et son programme social est un tissu de mensonges. Il y a fort à parier qu'il choisira la droite que tout rapproche de ses combats, on l'a vu récemment dans les rues de Paris.

- Le Lot a totalement raté le virage de l'Internet, vers l'an 2000. Ainsi, pensant se réveiller, des élus nous souhaiteraient utilisateurs... après avoir freiné au maximum les innovateurs du net. Ainsi, dans nos campagnes, le nombre de maisons à vendre semble s'accroître inexorablement. La disparition du monde rural vous préoccupe ? Quelle solution voyez-vous pour éviter que nos villages, dont certains ont vu leur population réduite de 70% en un siècle, soient rayés de la carte, transformés en zones plus ou moins touristiques ?

- Je soumets quelques idées et propositions qui sont celles du Collectif Nouvelle Ruralité Citoyenne de la Bouriane, tout à fait intéressantes.

. Agriculture : soutenir les exploitations agricoles existantes et favoriser l'implantation de petites structures, en privilégiant les méthodes d'une agriculture respectueuse de l'environnement, afin de répondre à la demande locale en produits alimentaires de qualité.

. Gestion de la forêt : développer la filière bois afin de permettre la création d'emplois et de revenus complémentaires.

. Gaz de schiste : ferme opposition à tout type d'exploration et d'exploitation du gaz de schiste.

. Municipalisation de la gestion de l'eau : sortir du monopole détenu par la SAUR et autre compagnie privée, pour une gestion plus efficace, plus sûre et plus économique par l'intercommunalité.

. Santé : l'augmentation du nombre de retraités dans notre région doit être soutenue par le développement des métiers de services à la personne (aide-ménagère, aides-soignantes, auxiliaires de vie, etc.) et la création de lieux intergénérationnels. A l'inverse la venue d'une population active doit être encouragée par, entre autres, l'implantation de sages-femmes, de pédiatres, par la réouverture des maternités de Gourdon Figeac, Saint Céré, et création de centres de santé municipaux plutôt que des maisons médicales privées.

. Transports en commun : création d'un maillage de transports publics afin d'accéder à toutes les commodités (structures de soins, d'emplois, d'éducation, commerces), gratuité des transports notamment pour les jeunes afin de faciliter leur mobilité.

. Ecotourisme : Soutenir un écotourisme maîtrisé par la création d'un label intercommunal fédérant tous les acteurs du tourisme et des loisirs autour de valeurs communes. Ce type de tourisme permet à la fois : la valorisation du patrimoine naturel et culturel lotois et la pérennisation des commerces et artisans locaux.

- Dans son œuvre de 2010, Martin Malvy parle de "la ligne politique de La Dépêche du Midi." Pensez-vous que le jeu démocratique puisse s'exprimer correctement dans un département informé par un seul quotidien entre les mains du patron d'un parti politique, ici le PRG ?
- Je n'ai pas lu le livre de Martin Malvy. Pour que le jeu démocratique fonctionne, il faut d'abord instaurer le scrutin proportionnel pour toutes les élections avec une juste représentation des courants de pensée dans le champ politique. Il convient surtout d'organiser le débat démocratique car nous

voulons qu'en toute chose les habitants avec leurs élus gardent voix au chapitre. La gestion de la ville comme du département est une construction complexe, humaine qui demande du temps, du débat, de la proximité et non des gros « machins » technocratiques imposés par le haut comme vont l'être si on n'y prend garde les intercommunalités de Cahors, Figeac, Nord Quercy. Les communes seront balayées et la démocratie n'en sortira pas gagnante. Je conseille de regarder là où seront organisées des projections le film documentaire sur *Les Maires en Campagne* de Marc Guillochet qui tourne dans le Lot pour voir que la commune est encore, malgré toutes les difficultés, un foyer de démocratie qu'il faut préserver et faire vivre dans la coopération volontaire.

- Malgré vos "difficultés" avec l'UDI départemental, vous aviez obtenu l'investiture nationale à Cahors. Comment s'est déroulée cette investiture ? Y avait-il plusieurs candidatures ?

- En effet il y avait plusieurs candidatures, celle de Mr Grinfeder et la mienne. Je participe beaucoup aux réflexions de fond qui à mon sens représentent la colonne vertébrale d'un Parti politique et doivent permettre de contribuer à l'idéologie d'un parti et d'élaborer les programmes pour les différentes échéances électorales.

Il semble logique que les personnes qui participe à la vie d'un parti et qui souhaitent ensuite s'investir sur leur territoire soient privilégiées.

- Le parachutage de Guy Debuisson a semblé vous déplaire (euphémisme), alors qu'il apparut soutenu par des personnalités persuadées que ni M. Hureaux ni vous ne pouviez remporter cette élection. Vous pensiez pouvoir l'emporter ?

- Oui s'il n'y avait eu qu'une liste d'opposition alliant UDI, UMP, Modem et des personnes de la société civile : une liste très ouverte. Les Cadurciens auraient aimé voir apparaître une nouvelle génération pour représenter l'opposition.

Michel Roumégoux l'avait compris et m'a bien mis le pied à l'étrier.

- Votre liste annoncée pour septembre... elle n'a jamais existé ?

- Il y a eu une ébauche de liste mais qui n'était pas

complète. On retrouvera certaines personnes sur la liste de Mr Hureaux afin que l'UDI y soit représenté.

- Dans votre lettre de fin décembre 2013, où vous annoncez renoncer à cette élection, j'aimerais revenir sur un passage : "M. HUREAUX présente une liste UMP de droite légitime car investie..." Pensez-vous qu'aux municipales, la légitimité se gagne par l'investiture d'un grand parti ? Donc, ces élections sont confisquées par les partis, ne peuvent plus permettre à des personnalités indépendantes de constituer une liste de vaste rassemblement ?
- Je pense que quand on est encarté (et qu'on a le courage de l'afficher), on respecte les règles d'un parti et on respecte les choix pris au niveau d'un bureau national qui a été élu démocratiquement.
Jean-Pierre Chevènement a dit un jour "*Un ministre, ça ferme sa gueule. Et si ça veut l'ouvrir, ça démissionne*".
Et comme précédemment, ce n'est pas parce qu'on a une investiture qu'on ne peut pas faire une liste de rassemblement !!

- Nous n'avons donc jamais eu connaissance de votre programme... Quelles grandes différences auriez-vous apporté à la tête de Cahors ?
- Je vous donne quelques grandes lignes mais ce n'est pas la peine d'étaler mon programme n'étant plus candidate :
En termes de gouvernance : moins d'adjoints, baisse des indemnités, création de conseils de quartiers...

Emplois : favoriser l'accès des terrains pour l'installation d'entreprises pour créer des emplois...

Sécurité : installation de caméras de surveillance dans certains endroits...

Logement : recensement des logements vides et proposition de réhabilitation.

...

- Finalement, alors que vous sembliez pouvoir rejoindre la liste de M. Hureaux, ce qui aurait pu constituer une dynamique intéressante... on vous retrouve en 22eme position sur la liste du maire sortant d'Agen... Surprenant ?

- Je m'en suis déjà expliquée dans la presse, devant des responsabilités professionnelles très prenantes sur Agen, je n'imagine pas être une élue absente, on ne peut pas être élue que le weekend... Et on ne va pas se cacher également sur le fait que quelques-uns me donnent des grands coups de pied depuis quelques années afin de ne pas faire d'ombre.

De plus je profite de cette expérience pour faire mes classes. Je découvre une campagne d'une toute autre envergure, aussi bien d'un point de vue humain que dans l'organisation, le projet... Si Jean Dionis que je connaissais par ailleurs de part l'UDI et que je remercie pour sa confiance (ce n'est pas évident après quelques mois dans une ville d'être aussi bien intégrée dans une équipe) est élu, cela me permettra de découvrir le fonctionnement et la gestion d'une ville de 35 000 habitants et d'une agglomération de 100 000 habitants.

- Avec le recul, que pensez-vous de vos tweets du 25 janvier : "Il y aurait il une justice enfin ?

Vice président de l'UDI 46 exclu par la CNAT !" et "Les anciennes candidates aux législatives #PartiRadical créent "les blondes pour la république" : déçues et non soutenues (brunes bienvenues)"
Un peu facile, non, alors que vous avez obtenu de nombreux soutiens, UDI national, Michel Roumégoux au niveau départemental ?...

- Pour remettre dans le contexte, je me trouvais avec Rama Yade ce jour-là dans une réunion du COMEX à Paris et je venais de découvrir que Mr Grinfeder avait été suspendu de l'UDI... suspension méritée après tout... et le dossier de Mr Borredon était toujours en cours...
Nous étions toute une rangée de femmes à discuter ensemble et beaucoup de déçues car certaines avaient quant à elles perdu l'investiture UDI (dont beaucoup de femmes blondes!!) Donc c'était plutôt une boutade, fondée certes mais à voir sur le ton de la plaisanterie.

- **Après vous avoir lu dénoncer « M. Debuisson le Toulousain », il est surprenant de relire cette histoire en vous observant en « Mme Dausse l'agenaise ». Finalement, cette candidature aux municipales tombait très mal pour vous puisque, si j'ai bien compris, votre activité professionnelle se déroule sur Agen ?**
- Voir ci dessus : oui je pensais pouvoir allier les deux mais contrairement à Mr Debuisson qui a indiqué dans la presse que s'il n'était pas élu il ne serait pas présent... moi je voudrais être une élue présente, c'est le minimum de respect que l'on doit aux électeurs.

- M. Debuisson présentait pourtant d'autres défauts, non, pour porter une candidature de rassemblement ? Je pense à son mandat au Conseil Régional Midi-Pyrénées de 1998 à 2004... étiquette Radical de Gauche, avec une délégation, sous la présidence de M. Martin Malvy...

- C'est malheureux que les instances locales de l'UMP soient allées chercher un PRG pour représenter la droite oui !!

- Il semble exister un réel problème politique dans le Lot... Dans son œuvre de 2010, Martin Malvy parle de "*la ligne politique de La Dépêche du Midi.*" Pensez-vous que le jeu démocratique puisse s'exprimer correctement dans un département informé par un seul quotidien entre les mains du patron d'un parti politique, ici le PRG ?

- Evidemment que non, nous savons qu'il y a peu d'objectivité au niveau des parutions (et encore je trouve que je ne suis pas trop mal traitée !!) mais n'est-ce pas aussi vrai au niveau national ?

- Probablement, terminerons-nous l'année lotoise avec Gérard Miquel et son fidèle Jean-Marc Vayssouze-Faure sur l'ère de Cahors, Martin Malvy sur celle de Figeac, le département entre les mains d'une femme choisie par Gérard Miquel avec la bénédiction de Martin Malvy. Que vous inspire cette hypothèse ?

- La triste réalité. Mais l'opposition ne peut s'en prendre qu'à elle-même. La gauche est capable de défendre les siens, de créer des réseaux, de faire monter des nouveaux talents... La droite a peur de s'afficher. Ceux qui sont élus veulent rester les seuls dans l'opposition pour attirer tous les regards et donc ne permettent pas à une vraie opposition d'émerger et donc nuisent au débat local.

- Quelle solution avez-vous pour sortir le département de l'emprise PRG-PS ? Je pense aux élections de 2015...
- Voir toutes les réponses ci-dessus... + Mettre fin au cumul des mandats et limiter le nombre de mandats successifs.

- Et maintenant ? Le Lot c'est du passé pour vous ou pensez-vous pouvoir vous y exprimer politiquement sans y vivre ?
- Le Lot ne peut pas être et ne sera jamais du passé pour moi, j'y rentre tous les week-ends, j'y ai grandie, j'y suis attachée, ma fille y est scolarisée. C'est ma ville d'accueil depuis mon arrivée en France. Je pense pouvoir m'exprimer librement en tant que citoyenne mais aussi en tant que présidente du Parti Radical et aussi en tant que représentante du bureau national du Parti Radical.

[Le Jean-Pierre Chevènement du "*Un ministre, ça ferme sa gueule ; si ça veut l'ouvrir, ça démissionne*". Rama Yade ne semblait pas sur cette longueur d'onde quand elle fut « dérangée » par l'arrivée de Mouammar Kadhafi à Paris... sans démissionner du gouvernement...]

Guy Debuisson

Bonjour M. Debuisson,

N'ayant pas reçu de réponse sur twitter ni facebook... passé hier devant votre permanence, j'utilise les courriels affichés.
Comme annoncé sur http://www.cahors.pro, publiant dans quelques jours un livre sur les élections municipales de Cahors (un peu plus de 200 pages), et plus généralement la politique dans le Lot, je souhaiterais réaliser votre interview, par mail... (comme celle des autres protagonistes de cette étape...)

Je vous envoie donc quelques questions. Elles seront publiées avec ou sans réponses dans ce livre (si elles arrivaient après la publication, elles figureraient dans une "version 2" qui sera éditée si des personnalités sollicitées me répondaient après le bouclage... le livre est terminé, il ne manque plus que ces interviews)

- Vous êtes avocat, "célèbre pénaliste toulousain", cesserez-vous votre activité professionnelle pour vous consacrer à Cahors si vous en êtes élu maire ?

- Vous connaissez les grandes lignes des programmes de vos adversaires, le votre reste à découvrir. Quels points majeurs vous permettent de proposer un choix politique vraiment différent ?

- Vous n'êtes pas "sans expérience politique" car avez exercé un mandat au Conseil Régional, où vous disposiez même d'une vice-présidence, élu radical de Gauche, de 1998 à 2004... Pourquoi n'appartenez-vous plus à la famille de monsieur Baylet ?

- En octobre 2013, vous vous prétendiez très serein, avec le soutien de l'UMP et l'UDI du département. Vous ajoutiez « M. Hureaux et Mme Dausse n'ont aucune chance d'emporter cette élection.» Pourtant, au niveau national, ces deux candidats reçurent une investiture. Vous pensiez sûrement "réunir la droite" et vous retrouviez diviseur. Pourtant vous avez continué. Pourquoi ?

- Pourquoi avoir demandé l'investiture de l'UMP alors que vous vous présentiez en "candidat de la Société civile" ?

- Vous serez donc "le candidat de la Société civile" mais votre campagne tarde à démarrer... Vous semblez connu et apprécié à Cahors d'un cercle très restreint et avez consacré très que peu de temps à cette campagne, sans "réunions publiques dans chaque quartier." Pensez-vous en quelques jours rattraper votre déficit d'image ?

- Madame Dausse vous appela « M. Debuisson le Toulousain » pour finalement se retrouver en situation de « Mme Dausse l'agenaise », quelles réflexions vous inspirent cette polémique ?

- M. Hureaux a semblé douter de votre candidature... Avez-vous envisagé de fusionner vos listes dès le premier tour ?

- Au second tour, il semble évident que le maire sortant se retrouvera face à "un candidat de droite." Vous pensez pouvoir être cet adversaire, donc devancer la liste conduite par M. Hureaux ? (dans ce cas, votre porte lui sera ouverte pour une fusion de vos listes ?)

- Si M. Hureaux vous devance et vous propose de rejoindre sa liste au second tour, quelle sera votre attitude ?

- En 2008, M. Marc Lecuru avait été sévèrement battu par M. Jean-Marc Vayssouze-Faure. Qu'est-ce qui vous distingue du candidat ayant alors "perdu en finale" ?

- Cahors est parfois présentée comme une "ville de gauche sans FN"... Pourtant Marine Le Pen, au premier tour de l'élection présidentielle 2012, avait obtenu 1 443 voix, soit 13% des exprimés. Comment, selon vous, va se comporter cet électorat ?

- Vous semblez "le seul" à envisagez votre victoire... Pensez-vous qu'une triangulaire, avec la qualification d'Isabelle Eymes, soit votre chance ?

Vous remerciant,

Amitiés,
Stéphane

Stéphane Ternoise
http://www.cahors.pro

Le 25 février :

Cher Monsieur,

Je ne fais jamais d'interview par courrier, non pas que l'on m'ait appris la prudence dans ma jeunesse et que je cultive ce comportement à outrance, mais tout simplement car il s'agit d'une méthode bien trop impersonnelle.

De toute façon vous concluez en indiquant "je semble être le seul à envisager ma victoire".

Donc, tout est dit.

Sachez cependant que j'ai sollicité un face à face avec le maire actuel, face à face qu'il a refusé (TLT).

J'ose espérer qu'il en acceptera un avant le 1er tour.

Rendez-vous le 23 MARS au soir.

Bien à vous.

    Me G. DEBUISSON

Le 26 février à 8 heures 58, j'envoyais une réponse laissant la porte ouverte :

Bonjour Maître Debuisson,

Je prends acte de votre décision. C'est dommage. Vos réponses auraient pu éclairer les cadurciennes et cadurciens. M'éclairer également dans cette analyse indépendante...
L'interview par mails, je la pratique depuis une dizaine d'années, surtout avec des écrivains, elle permet d'obtenir des réponses précises, avec les mots exacts de l'interviewé, donc sans risque d'erreurs, d'interprétations erronées lors de la mise en forme. Elle permet également d'éviter les affects, donc d'aller droit à l'essentiel. Même à des questions qui peuvent sembler irrévérencieuses (si

vous lisez ce livre, vous vous apercevrez qu'aucun candidat n'est ménagé... je ne roule pour personne !) Mais les réponses doivent être plus importantes que les questions...

Je vous précise, mais vous l'aviez sûrement compris malgré votre conclusion : vous n'êtes pas le seul à avoir été questionné avec "semble être le seul à envisager votre victoire". Il s'agit naturellement d'un "le seul" dans le cercle des candidats, des personnes qui s'expriment au sujet des ces élections, et de "l'opinion."

Subissant régulièrement les désavantages de l'indépendance, il faut bien parfois également en récolter les avantages : aucune nécessité de plaire à qui que ce soit, donc aucune complaisance, aucune crainte de déplaire. Mon statut de profession libérale me rend inéligible aux subventions, bourses !

Je lirai donc avec attention votre programme si je parviens à me le procurer avant l'édition. Merci, si vous le pouvez, de m'en envoyer une copie numérique.

Naturellement, comme indiqué dans le "questionnaire", j'avais prévu la possibilité de refus de mes demandes... Et leur arrivée après la première édition (vous pouvez toujours, en relisant ces questions, les considérer comme une bonne opportunité de faire passer vos convictions, votre vérité...)

Quant au 23 mars... il y a "longtemps" que je travaillerai sur un autre sujet. Je n'ai pas l'intention de couvrir le traditionnel débat d'entre deux tours comme ce fut le cas en 2008. (je ne suis pas électeur sur Cahors)

Vous remerciant,

Amitiés,
Stéphane

Stéphane Ternoise
http://www.cahors.pro

Pourtant M. Debuisson aurait pu utiliser cet espace pour analyser la presse lotoise. Exemple, dans l'article du 27 septembre 2013 de leur dépêche, après sa déclaration : « *En premier lieu, je suis candidat de la Société civile, donc sans étiquette politique comme je l'ai déclaré ; je bénéficie ainsi du soutien de nombreux Radicaux de gauche cadurciens en plus du Centre, de l'UDI et de l'UMP...* », le journaliste, naturellement libre, titre "*Prg : «Rien à voir avec nous»*" et expose « Guy Debuisson a revendiqué des amitiés au PRG dans son intervention. S'il a bien été membre du PRG, il ne l'est plus depuis 2004 : «M. Debuisson ne peut en aucun cas se prévaloir du soutien du PRG, affirme Guillaume Baldy, secrétaire général de la fédération du PRG du Lot. Nous avons passé un accord-cadre avec le PS, au niveau national, et nous travaillons à une union dès le premier tour, à Cahors comme dans les autres villes du Lot.» Guy Debuisson n'a donc pas le soutien du PRG.»

C'est la conclusion de Laurent Benayoun. Le lecteur "de base" pourra croire qu'il s'agit d'un cinglant désaveu des déclarations de M. Debuisson par un journaliste dans son rôle de scrupuleuse vérification des propos... Pourtant, subrepticement... ils ne parlent pas de la même chose... M. Debuisson revendique le « *soutien de nombreux Radicaux de gauche cadurciens* », tandis que le journaliste, aidé de Guillaume Baldy, secrétaire général de la fédération du PRG du Lot, expose la situation du parti. Certes, il semble qu'aucun des radicaux ne s'affiche avec ce candidat... que la discipline semble plus suivie qu'à l'UDI... mais ce qui n'exclut pas "des soutiens" dont, face à face, j'aurais demandé "de quel ordre" plutôt que de m'en référer à Guillaume Baldy. Financiers ? Discrets ? Secrets ?

On pourra me reprocher une certaine subjectivité mais avant de m'en faire grief merci de la comparer aux articles politiques du quotidien lotois...

La permanence de Guy Debuisson

Le 25 février 2014, à 12 heures 07, j'obtenais enfin la bonne adresse mail du candidat :

Bonjour Stéphane Ternoise,

Il paraît que vous m'avez envoyé des questions écrites sur la campagne.

Je ne crois pas les avoir reçues.

Dès que je les ai, je vous répondrai.

Amitiés.

Roland

Le 28 mars à 14 heures 39, sans réponse, me référant à son mail du 25, j'écrivais :

Bonjour monsieur Hureaux,

Suite à votre message ci-dessous, et l'envoi des questions, je me permets une dernière relance... j'en suis à la mise en page finale, avec pour l'instant uniquement, en ce qui vous concerne, les questions !

Amitiés,
Stéphane

Stéphane Ternoise
http://www.cahors.pro

Copie à * car peut-être tout simplement n'avez-vous pas lu vos mails...

* qui m'avait contacté après les échanges sur twitter et fut l'intermédiaire du contact direct

Le 28 février 2014 à 18 heures 45, je recevais un court mais important message :

Je m'y mets tout de suite.

RH

-> Mes derniers messages furent :

Le 28 à 19 heures 08 :

OK Merci, je l'attends.
(il me reste également environ 2 heures de travail avant de tout lancer en distribution)
ST

Le 28 à 22 heures 08 :

Bonsoir monsieur Hureaux,

Je suppose qu'en cette période agitée une urgence vous a empêché de mener à bien cette interview certes "délicate"...

Je dois transférer les fichiers d'édition ce soir mais si votre réponse est présente demain matin, je modifierai ces fichiers et normalement votre interview figurera alors dans l'édition originelle,

Vous souhaitant une agréable soirée,

Amitiés,
Stéphane

Stéphane Ternoise
http://www.cahors.pro

Le 1ᵉʳ mars 2014 à 7 heures 39, je ne pouvais plus attendre… je lançais… Les réponses arrivaient à 12 heures 44… La distribution numérique venait juste de débuter… le livre n'était pas encore en vente… immédiatement je considérais plus correct d'intervenir pour qu'elles figurent dans cette version 1… Équilibrisme… Je modifie, j'en prendrai connaissance dans quelques secondes… Je souris en pensant à la photo de la tête du cheval… au finish…

- Pour passer du RPR à l'UMP, vous n'avez pas utilisé la route la plus courte, en adhérant au RPF de Charles Pasqua, puis au Pôle républicain de Jean-Pierre Chevènement puis Debout la République de Nicolas Dupont-Aignan.
Quelle continuité ou quelle évolution a guidé ces engagements ?
– D'abord la fidélité à « une certaine idée de la France », de la politique, de l'homme, dont le général de Gaulle fut le dernier avatar, mais non le seul.
C'est un parcours assez classique qui s'apparente à celui de Jean Charbonnel, ancien maire de Brive.
L'adhésion à l'UMP ne se situe pas au premier abord dans cette ligne, mais l'état dans lequel se trouve ce parti aujourd'hui le rend très ouvert aux sensibilités les plus variées.
D'autre part, je ne vois pas d'avenir à notre pays hors d'une profonde rénovation de ce courant. Les socialistes sont devenus fous ; le FN est ce qu'il est.

- Les programmes sont presque connus…
Quels points essentiels vous distinguent le plus de celui de Jean-Marc Vayssouze-Faure ?

- Beaucoup de choses me distinguent de Vayssouze-Faure et de son patron Miquel qui est mon vrai adversaire.

D'abord une beaucoup plus grande volonté de réduire la pression fiscale. Il dit qu'il ne l'augmentera pas, mais ça ne suffit plus.

Ensuite une vision de la ville, dans son passé et dans son avenir, dont je n'ai pas le sentiment qu'il l'ait. Ce garçon navigue au jour le jour et son programme est un catalogue hétéroclite.

Nous affichons tous les deux la volonté d'attirer à Cahors des entreprises et des unités universitaires mais je ne crois pas qu'il en ait la capacité. Comment ferait-il puisque il ne connaît rien du vaste monde ?

Il dit quel va rénover le centre ancien en 6 ans. C'est en effet une priorité. Mais 6 ans, c'est une plaisanterie pour un tel chantier ; j'ai peur quel fasse cela au rabais (comme l'affreux revêtement des rues en gravillons qu'il est en train d'appliquer à l'accéléré dans les Badernes). Il faut au moins un plan de 20 ans auquel nous essayerons d'intéresser le monde entier (Fondations etc.).

Enfin, je ne pense pas qu'il ait pris la mesure de l'importance de la culture dans la mise en valeur d'une ville comme Cahors.

- En 2008, Marc Lecuru avait été sévèrement battu par Jean-Marc Vayssouze-Faure. Qu'est-ce qui vous distingue du candidat de droite d'alors ?

- D'abord ce monsieur a été élu maire sans jamais faire campagne et donc sans connaître véritablement la population de Cahors alors que moi, j'avais fait au contraire des campagnes de terrain très approfondies.

Mais Lecuru était-il vraiment de droite ? Il n'avait pas en tous les cas cette sensibilité libérale, fondamentale à droite, qui veut que tout pouvoir doit savoir restreindre sa sphère pour respecter celle des citoyens, et donc ne pas augmenter les impôts de manière déraisonnable.

- Vous avez présenté des chiffres contestés, issus d'un site édité par Benchmark Group, journaldunet.com, également propriétaire de Copainsdavant.com, Journaldesfemmes.com ou Linternaute.com. Avez-vous depuis utilisé des documents officiels, incontestables, dans ce débat de chiffres ?

- Ces chiffres ont été contestés par la municipalité en place qui se voile la face sur la poche de chômage exceptionnellement élevé que constitue Cahors. J'ai utilisé aussi les chiffes de l'INSEE, du Pôle emploi etc. Le Journal du Net est une banque de données qui ne fait que reprendre les chiffres officiels. Il y a une fiche sur chacune des 36 000 communes de France : pourquoi voudriez-vous qu'il invente ceux de Cahors ? En outre M.Vayssouze va répétant que mes chiffres sont fantaisistes mais sans jamais, jamais dire lesquels ni ce que sont les vrais chiffres. Et pour cause ! Il se dit satisfait à 80 %. Il faudrait qu'il regarde en face la réalité de la vie des Cadurciens dont un quart rame pour trouver du travail ou plus de travail.

- En 2004, Gérard Miquel présentait son directeur de Cabinet, Jean-Marc Vayssouze.
En 2008, Jean-Marc Vayssouze-Faure était candidat à la mairie de Cahors.
Que pensez-vous de cette évolution du nom ?

- Ne lui faisons pas un mauvais procès. Je m'intéresse à l'onomastique. Il existe dès la fin du XIXe siècle des Vayssouze-Faure dans la région de Figeac. Je suppose qu'il se rattache à cette lignée.

- En 2004, Gérard Miquel présentait Jean-Marc Vayssouze comme « *un fidèle qui connaît bien le Lot.* »
En 2014, pensez-vous qu'élu maire, Jean-Marc Vayssouze-Faure serait candidat à la présidence du Grand-Cahors ou s'effacerait devant Gérard Miquel maire de Saint Cirq Lapopie ?

- Je n'exclus pas en effet qu'il ait à s'effacer devant Gérard Miquel qui est un homme de pouvoir et qui, n'ayant plus le Conseil général, se contentera difficilement de la mairie de Saint-Cirq-Lapopie. Avec quelles compensations, je ne sais. Or je ne crois pas que les Cadurciens veuillent être dirigés par Miquel.

- Vous semblez ne pas aimer les socialistes en général... quels sont vos plus grands reproches ? Pensez-vous réellement que Gérard Miquel, Martin Malvy et Jean-Michel Baylet puissent être, historiquement, considérés de gauche ?

- Oui, ils sont des hommes typiquement de gauche si vous vous référez à ce qu'est la vraie gauche, c'est-à-dire l'imposture. Ça n'a pas toujours été le cas : Guy Mollet a fait par exemple de grandes réformes sociales. Mais aujourd'hui la gauche est une machine à tromper le peuple : on lui promet plus de justice sociale et on fait, au contraire, le politique du grand capital international, en acceptant sans rechigner les contraintes qu'il nous impose : mondialisation, Europe ultralibérale, statu quo bancaire etc. Pour se donner un visage progressiste, cette gauche se rabat sur le sociétal : une philosophie libertaire intrinsèquement destructrice de famille, de l'école, de la justice, de tout en fait etc. Comme je l'ai écrit dans *Le Figaro* il n'y a pas longtemps, la gauche à laquelle nous avons affaire aujourd'hui est beaucoup plus dangereuse que celle du programme commun de 1981.

Je ne sais pas quelles sont les origines de Baylet et Miquel, mais Malvy a une prestigieuse généalogie derrière lui. Certes, un de ses ancêtres était à la Convention. Mais un autre a fait massacrer 15 000 ouvriers dans les rues de Paris en juin 1848, un autre encore était impliqué de près dans la condamnation de Dreyfus. C'est un étonnant héritage pour un homme de gauche. Mais ça ne prouve pas qu'il ne soit pas de gauche puisque, je vous le répète, l'essence de la gauche, d'une certaine gauche au moins, c'est l'imposture.

- Dans son œuvre de 2010, Martin Malvy parle de "*la ligne politique de La Dépêche du Midi.*" Pensez-vous que le jeu démocratique puisse s'exprimer correctement dans un département informé par un seul quotidien entre les mains du patron d'un parti politique, ici le PRG ?
- La Dépêche a évolué. Il me semble qu'elle est moins partisane et plus soucieuse d'objectivité qu'elle l'a été. Ceci dit, le pluralisme est toujours souhaitable. En d'autres temps, *La Dépêche* n'a pas empêché la région Midi-Pyrénées ou la ville de Toulouse de basculer à droite. Ce sera le cas aussi cette fois.

- Avez-vous lu "Des racines, des combats et des rêves" de Martin Malvy, publié le 7 octobre 2010 ? Si oui, que pensez-vous de la manière dont il relate la vie de son grand-père ? Sinon, je vous en conseille la lecture, non pour la qualité de la plume mais pour cette narration.

- J'ai évoqué plusieurs de ses ancêtres mais pas son grand-père dont le cas est complexe.

- Vous avez semblé douter de la candidature de Guy Debuisson. A ce jour, il reste en lice. Lui avez-vous proposé de rejoindre votre liste ?

- Non.

- Cahors est parfois présentée comme une "ville de gauche sans FN"... Pourtant Marine Le Pen, au premier tour de l'élection présidentielle 2012, avait obtenu 1 443 voix, soit 13% des exprimés. Comment, selon vous, va se comporter cet électorat ?

- Il s'inscrit dans un sentiment plus large de colère populaire contre ceux qui dirigent le pays. Hier Sarkozy, aujourd'hui, plus forte encore, Hollande. Cette colère s'exprime aussi par l'abstention, le vote nul ou blanc (650 à Cahors au second tour des présidentielles, ce qui est énorme), voire, chez les jeunes, par le refus de s'inscrire sur les listes électorales. Si nous voulons que la démocratie garde un sens, il faut que cette colère, légitime à mon sens, s'exprime par un vote d'opposition claire et franche. A condition, bien entendu, que l'opposition ait conscience qu'il lui faudra gouverner autrement, pour apaiser cette colère.

- Vous semblez "le seul" à envisagez votre victoire... en comptant également sur une sanction nationale du PS... Pensez-vous qu'une triangulaire, Jean-Marc Vayssouze-Faure, Roland Hureaux, Isabelle Eymes soit votre chance ?

- Votre questionnaire date. Plus nous, nous approchons du scrutin, moins je suis seul, comme vous le dites, à envisager de gagner. Hollande a, il est vrai, obtenu 65% des voix à Cahors. Mais sa décote dans l'opinion et donc celle des socialistes, est bien supérieure à 15 %. L'électorat de Cahors est certes orienté à gauche sur la longue durée mais il est instable, à cause de la grande pauvreté de cette ville. La droite a perdu de peu en 1990, elle a gagné à la surprise générale en 2001 (je pense y avoir été pour quelque chose). Or le contexte national est aujourd'hui plus favorable pour ses couleurs qu'en 1990 et 2001.

Pour la triangulaire dont vous parlez, il faudrait que Mme Eymes, d'abord dépose sa liste, ensuite ait plus de 10 % pour se maintenir. Très hypothétique.

[je souris en pensant à... monsieur Debuisson qui n'avait pas apprécié une question similaire... Monsieur Hureaux a su la prendre par le bon angle... ST]

- Probablement, terminerons-nous l'année avec Gérard Miquel et son fidèle Jean-Marc Vayssouze-Faure sur l'ère de Cahors, Martin Malvy sur celle de Figeac, le département entre les main d'une femme choisie par Gérard Miquel avec la bénédiction de Martin Malvy. Que vous inspire cette hypothèse ?

254

- Ah, l'éternel Lotois, le vieux fond radical indécrottable, un pays profondément ancré à gauche et qui ne changera pas. Rangez cela au chapitre des poncifs éculés.

D'abord parce que le comportement des électeurs de Cahors n'est pas différent de la moyenne nationale. 70 % se déterminent devant leur poste de télévision. Quand la gauche perd 10 % au niveau national, elle en perd aussi 10 % à Cahors.

J'ajoute que ce qui fut la force de la gauche pendant longtemps, c'est que par des filières diverses et variées (y compris les têtes à tête Chirac-Faure autour d'une tête de veau), les candidats de droite étaient cooptés par la gauche. Le phénomène Debuisson, qui a rendu mon investiture plus difficile que prévu n'exprime rien d'autre que l'amertume de certains devant le fait que cette époque est révolue. Miquel n'a pas donné le feu vert à ma candidature !

Quant au Conseil général, au risque de vous surprendre, je vous dirai qu'il peut passer à droite au prochain coup. S'il n'y avait pas eu de réforme du scrutin, non. Mais avec le nouveau système tarabiscoté qu'ont inventé les socialistes, où on votera pour deux couples en même temps (homme-femme pour le coup), les gens ne comprendront rien et le scrutin sera très politisé. On votera pour l'étiquette. Si Hollande est encore en place, vous devinez le résultat.

Même chose au Conseil régional, mais que, dans cette assemblée, les majorités suivent les vagues nationales, là pour le coup, ce n'est pas nouveau.

- Après les municipales, les européennes. Elu maire serez-vous de cette élection ? Même question en cas d'échec à la mairie.

- Les places sont chères. En cas d'échec, je ne pense pas qu'il y en aura une pour moi. Et ce mandat étant incompatible avec celui de maire, me présenter à cette élection un an après avoir été élu maire, serait faire injure aux électeurs de Cahors, sauf peut-être en place non éligible.

- Vous avez écrit une dizaine de livres, un millier d'articles. Quelles pensées les plus pertinentes avez-vous développées ?
- Essentiellement une : les ravages que fait sur les esprits de ceux qui dirigent le monde - et aujourd'hui la France - le mode de pensée idéologique. Pas seulement les grandes idéologies (communisme, nazisme) mais aussi les petites ou encore l'ultralibéralisme qui pourrait s'avérer un jour aussi destructeur que les grande idéologies (voir ce qui se passe en Ukraine). J'ai essayé de prolonger la pensée de Hannah Arendt, Raymond Aron en l'appliquant à des politiques sectorielles : enseignement, justice, famille. Et j'ai aussi écrit « La dérive idéologique de la construction européenne »... un titre qui dit bien ce qu'il veut dire. L'idéologie, ce sont des idées fausses et généralement simplifiées appliquées aux réalités par les dirigeants politiques. La disparition du canton de Montcuq, disparition qui ne sert à rien ni à personne et fera perdre un peu plus les repères à nos concitoyens, voilà un des multiples effets de ces idéologies sectorielles que je combats.

- Le Lot a totalement raté le virage de l'Internet, vers l'an 2000. Ainsi, pensant se réveiller, des élus nous souhaiteraient utilisateurs... après avoir freiné au maximum

les innovateurs du net. Ainsi, dans nos campagnes, le nombre de maisons à vendre semble s'accroître inexorablement. La disparition du monde rural semble vous préoccuper. Quelle solution voyez-vous pour éviter que nos villages, dont certains ont vu leur population réduite de 70% en un siècle, soient rayés de la carte, transformés en zones plus ou moins touristiques ?

- Hélas, je crains que nous n'arrivions après la bataille. Pour l'agriculture, c'est râpé : la France aura encore une agriculture mais avec très peu d'agriculteurs. La réforme de la Politique agricole commune décidée en 1992 (encore les socialistes !) lui a donné le coup du lapin. Il n'y plus de véritable volonté de répartir harmonieusement la population sur le territoire depuis 25 ans. Pour le gauche bobo, décisionnaire même quand le pouvoir est à droite, défendre la ruralité, c'est du pétainisme. Miquel et Malvy le savent. Ils se présentent pourtant comme les chantres de la ruralité. Encore l'imposture !

- Durant quatre années, il a existé un salon du livre à Cahors, organisé au profit des libraires. Après des états généraux de la Culture, le maire n'a pas semblé penser qu'un salon du livre soit important dans le Quercy... quelle est votre position ?

- Je pense qu'un salon du livre à Cahors serait une excellente chose. Je ferai tout pour le faire revenir. L'avenir de Cahors est dans une articulation ingénieuse entre son patrimoine exceptionnel et la culture.

- Vous avez publié chez Gallimard, Lagardère, Privat, des maisons contrôlées par des

hommes installés dans les grandes fortunes de France.

Que pensez-vous de l'organisation du monde de l'édition ? Du rôle des distributeurs (les principaux entre les mains de Lagardère et Gallimard) dans le contrôle des livres présents en librairie ?

- L'édition demeure un des secteurs le plus libres de France. Si votre projet est susceptible de faire de bons tirages, ce qui n'était pourtant pas mon cas, ils ne regardent guère les idées que vous défendez. M. Lagardère ne surveille pas le catalogue de la Pléiade ni de la collection blanche.

Ceci dit, dans une grande maison, il existe certains codes à respecter. Ils sont subtils. Vous pouvez défendre n'importe quelle idée mais il faut y mettre les formes. Seuls ceux qui font de gros tirages peuvent s'en émanciper.

Au demeurant le livre que je considère comme le plus intéressant parmi ceux que j'ai écrits, sur l'Europe, je l'ai publié chez un petit éditeur indépendant. Seul le *Monde diplomatique* l'a mentionné.

- Un seul de vos livres est disponible en numérique : "Le temps des derniers hommes: Le devenir de la population dans les sociétés modernes", publié chez Hachette Littératures en novembre 2000. Vendu en papier à 25,77 euros et en ebook à 18,99 euros.

Alors que la version papier se vend sur Amazon, aucune vente en numérique n'est notée.

Pourquoi un prix numérique aussi peu attractif ?

Pourquoi vos autres livres ne sont pas disponibles en numérique ?
- Quand j'ai fini d'écrire un livre, je tourne la page, si j'ose dire, et je ne m'occupe pas de tout cela. Vous m'apprenez que *Le Temps des derniers hommes* est disponible en numérique. Je m'en réjouis parce que c'est un livre important. Pierre Chaunu en avait fait un éloge dithyrambique pour Le Figaro qui l'aurait lancé, mais trop : le Figaro n'en a pas voulu.

- La profession libérale auteur-éditeur ne permet pas d'être considéré écrivain au centre régional des lettres midi-pyrénées.
Informé de cette distorsion de concurrence entre des éditeurs traditionnels et cette profession libérale, monsieur Malvy Martin, président de la région et monsieur Amigues Gérard, adjoint à la culture au département, qu'il représente au CRL, restent inflexibles. Quelle est votre position ?
- Très franchement, je ne connais pas les données du problème. Il faudra que vous me les expliquiez.

- Vous avez utilisé le terme "inculte" au sujet de la municipalité en place... le mot est fort... pouvez-vous le justifier ?
- Je ne crois pas l'avoir écrit tel quel. Mais c'est ce qu'a compris M.Vayssouze. Il a ses raisons.
Je pense qu'une grande ville d'art et d'histoire comme Cahors exige à sa tête un homme qui ait un minimum de compréhension, je dirai d'empathie, pour ce que représente cet héritage fantastique. Je ne crois pas que ce soit le cas de M.M. Miquel et Vayssouze.

Voyez par ailleurs l'appauvrissement de la vie culturelle à Cahors depuis des années, la disparition des festivals etc.

Relancer Cahors, pour moi, passe d'abord par un renouveau de sa vie culturelle.

Le seul projet de M.Vayssouze : un cinéma multiplex : rien que des paillettes et du strass.

- Si vous aviez 30 ans ou 40 ans, confronté aux blocages locaux, quitteriez-vous le Lot ?

- Il y a 30 ans, peut-être. Aujourd'hui, non. Car Cahors est un concentré de ce que peut offrir l'Europe au reste du monde dans la cadre de la mondialisation. Un patrimoine, des productions en relation avec ce patrimoine (le vin), un environnement exceptionnel. Nous ne sommes pas loin de Toulouse, une ville qui a la chance d'être portée par l'aéronautique. Tous ceux qui viennent de loin sentent que le potentiel de Cahors est considérable. Mais pour le mettre en valeur, il faudra une vraie rupture avec des années de gestion démagogique et sans perspective, marquée par des élus qui ne pensent se rendre intéressants qu'en faisant des constructions pharaoniques aux frais du contribuable. Cahors doit être « démarrée », au sens propre, sortie de la marre. Et alors il y aura des perspectives.

A la dernière minute, d'une courte tête, comme à sa permanence de campagne ?

Michel Roumégoux

Bonjour monsieur Roumégoux,

Comme annoncé sur http://www.cahors.pro, publiant dans quelques jours un livre (un peu plus de 200 pages) sur les élections municipales de Cahors, et plus généralement la politique dans le Lot, je souhaiterais réaliser votre interview, par mail...

Après avoir réalisé plusieurs interviews, il m'a semblé logique de vous contacter...

Je vous envoie donc quelques questions. Elles seront publiées avec ou sans réponses dans ce livre (si elles arrivaient après la publication, elles figureraient dans une "version 2" qui sera éditée si des personnalités sollicitées me répondaient après le bouclage... le livre est terminé, il ne manque plus que ces interviews)

- En 2001, la Dépêche du Midi semblait surprise de votre victoire sur Bernard Charles. Vous aviez réussi à "rassembler" l'électorat "plutôt de droite" et à mobiliser des abstentionnistes du premier tour. En janvier 2003, après un long tunnel législatif et la décision du Conseil d'Etat, vous avez dû quitter la mairie pour avoir dépassé de 15 679 francs le plafond autorisé des dépenses de campagne... Roland Hureaux fut maire par intérim durant 15 jours, ce fut une période très tendue entre les prétendants à votre succession, puis Marc Lecuru fut élu par les conseillers municipaux.
Ses premiers mots de maire furent pour vous : « Je

connais sa souffrance, sa solitude morale. Je lui dis toute mon affection ». Dix ans plus tard, que vous inspire ce tournant de votre vie politique ?

- En 2008, Marc Lecuru maire et "candidat naturel" de "la droite" fut facilement battu par Jean-Marc Vayssouze-Faure. En 2014, aucun candidat ne s'est imposé face au maire sortant... n'étiez-vous pas l'homme de la situation, celui qui pouvait également trouver la légitimité d'une candidature de rassemblement dans votre victoire de 2001 ? Pourquoi ne pas vous être engagé dans "les primaires de droite" ?

- Vous avez semblé soutenir Ellen Dausse mais confrontée à des difficultés "de rassemblement" elle est finalement partie sur la liste du maire sortant d'Agen où elle travaille... Qu'est-ce qui ne fonctionne pas dans l'UDI, le centre en général, dans ce département ?

- Entre Roland Hureaux et Guy Debuisson, avez-vous choisi "votre" candidat ?

- Cahors est parfois présentée comme une "ville de gauche sans FN"... Pourtant Marine Le Pen, au premier tour de l'élection présidentielle 2012, avait obtenu 1 443 voix, soit 13% des exprimés. Comment, selon vous, va se comporter cet électorat aux municipales ?

- Vous êtes, depuis 2011, conseiller général du canton de Saint-Géry où vous aviez battu un pilier du PS, Michel Quebre ; Y êtes-vous candidat lors de ces municipales ?

- Peut-être terminerons-nous l'année avec Gérard Miquel patron du Grand-Cahors, Martin Malvy du Grand-Figeac et une femme Malvy-Miquel à la tête du département... que vous inspire ce découpage du Lot ?

- 2014 Européennes, 2015 Département et Région. Serez-vous de ces combats politiques. Si oui, sur quel nouveau canton ?

- Avez-vous une solution pour organiser une réelle opposition à l'union PS-PRG dans notre département, candidats "bizarrement" toujours plus ou moins soutenus par la Dépêche du midi ?

Vous remerciant,

Amitiés,
Stéphane

Stéphane Ternoise
http://www.cahors.pro

Envoyé le 25 février à 14 heures 08

Dominique Orliac

Confirmation de lecture par la "Permanence Parlementaire" le 25 février à 17h40.

Madame ma députée,
Madame Dominique Orliac

Comme annoncé sur http://www.cahors.pro, publiant dans quelques jours un livre (un peu plus de 200 pages) sur les élections municipales de Cahors, et plus généralement la politique dans le Lot, je souhaiterais réaliser votre interview, par mail...

Après avoir réalisé plusieurs interviews, il m'a semblé logique de vous contacter...

Je vous envoie donc quelques questions. Elles seront publiées avec ou sans réponses dans ce livre (si elles arrivaient après la publication, elles figureraient dans une "version 2" qui sera éditée si des personnalités sollicitées me répondaient après le bouclage... le livre est terminé, il ne manque plus que ces interviews)

- En 2008, dans les semaines de l'élection municipale, vous dénonciez "la stratégie du PS" lotois, celle "d'éradiquer les Radicaux de Gauche et d'éliminer toutes les autres sensibilités politiques de gauche" et en 2014 vous soutenez votre ami Jean-Marc Vayssouze-Faure. Où est la cohérence ?

- Certes, depuis, en 2012, vous êtes restée

députée, avec le soutien de vos amis du PS, au premier rang desquels Gérard Miquel. La politique est un échange de soutiens ?

- Votre "candidat de cœur" (cœur radical) est-ce donc M. Guy Debuisson, Conseil Régional radical de Gauche de 1998 à 2004, avec qui vous avez ainsi siégé sous la présidence de M. Martin Malvy ?

- Avez-vous lu "Des racines, des combats et des rêves" de Martin Malvy, publié le 7 octobre 2010 ? Votre sentiment ? (vous ne lisez pas mes livres mais comme les siens sont conseillés par votre dépêche il est probable qu'il vous en ait offert un exemplaire dédicacé)

- Cahors et Figeac regroupent 30 000 des 175 000 habitants du département. Sentez-vous montez un vent de révolte dans les campagnes, accentué par le transfert à de grandes intercommunalités des pouvoirs encore récemment au cœur des communes ?

- Lors de la publication de "Cahors, 42 inscriptions aux Monuments Historiques", j'ai naturellement communiqué en votre direction. Vous avez montré un total désintérêt pour cette publication bien que personne avant ne s'était ainsi consacré à présenter de cette manière votre ville. Est-ce à cause de ma non appartenance au PS-PRG ? Ou de ma qualité de profession libérale auteur-éditeur donc non inféodé à l'industrie culturelle ?

- Quel maître-verrier a réalisé le portrait du vénérable désormais Saint Jean-Gabriel Perboyre

pour l'église St Urcisse de Cahors ? Cette information pourtant intéressante pour de multiples raisons, madame Laure Courget, conservatrice en chef du patrimoine, directrice du service patrimoine de la ville de Cahors m'a confirmé qu'elle était inconnue début décembre 2013.
Dans mon livre "Jean-Gabriel Perboyre, le Saint et Marty du 11 septembre", vous trouverez la réponse. Pourtant depuis sa publication, aucune réaction des élus. Mêmes questions qu'au précédent point.

Vous remerciant,

Amitiés,
Stéphane

Stéphane Ternoise
http://www.cahors.pro

Geneviève Lagarde

Bonsoir madame LAGARDE,

N'ayant pas reçu de réponse mais votre adresse mail étant toujours active : comme annoncé sur http://www.cahors.pro, publiant dans quelques jours un livre sur les élections municipales de Cahors, et plus généralement la politique dans le Lot, je souhaiterais réaliser votre interview, par mail...

Je vous envoie donc quelques questions. Elles seront publiées avec ou sans réponses dans ce livre (si elles arrivaient après la publication, elles figureraient dans une "version 2" qui sera éditée si des personnalités sollicitées me répondaient après le bouclage... le livre est terminé, il ne manque plus que ces interviews)

- M. Miquel ayant annoncé quitter la présidence du Conseil Général, serez-vous candidate à sa succession dans quelques semaines ?

- Seriez-vous choquée si M. Miquel, maire d'une commune de 220 habitants, ravissait la présidence du Grand-Cahors au maire de Cahors ?

- Récemment j'ai souri... en lisant le peu d'informations qui me sont parvenues des déclarations lors de votre réception des insignes de Chevalier de l'ordre de la légion d'honneur... « Comment parler de moi sans évoquer les événements de mai 1968, auxquels l'adolescente que j'étais a participé. Ce printemps s'en est allé, je suis heureuse d'en avoir conservé les stigmates subversifs. » Quels sont ces stigmates subversifs vous demande un écrivain né en 1968, ignoré dans la région car en profession libérale auteur-éditeur ?

- Le Lot a totalement raté le virage de l'Internet, vers l'an 2000. Ainsi, pensant se réveiller, des élus nous souhaiteraient utilisateurs... après avoir freiné au maximum les innovateurs du net. Ainsi, dans nos campagnes, le nombre de maisons à vendre semble s'accroitre inexorablement. Quelle solution voyez-vous pour éviter que nos villages, dont certains ont vu leur population réduite de 70% en un siècle, soient rayés de la carte, transformés en zones plus ou moins touristiques ?

- Durant quatre années, il a existé un salon du livre à Cahors, organisé au profit des libraires. Après des états généraux de la Culture, le maire n'a pas semblé penser qu'un salon du livre soit important dans le Quercy... quelle est votre position ?

- Avez-vous lu "Des racines, des combats et des rêves" de Martin Malvy, publié le 7 octobre 2010 ? Si oui, que pensez-vous de la manière dont il relate la vie de son grand-père ? Sinon, je vous en conseille la lecture, non pour la qualité de la plume mais pour cette narration.

- Peut-être terminerons-nous l'année avec Gérard Miquel patron du Grand-Cahors et Martin Malvy du Grand-Figeac... que vous inspire ce futur ? (n'oubliez pas vos stigmates subversifs)

- Cahors et Figeac regroupent 30 000 des 175 000 habitants du département. Pourtant, en contrôlant Cahors, Figeac et le Conseil Général, deux hommes tiennent, via les subventions et le jeu du pouvoir, l'ensemble de la population. Sentez-vous montez un vent de révolte dans les campagnes, accentué par le transfert à de grandes intercommunalités des pouvoirs encore récemment au cœur des communes ? (merci d'éviter de considérer ce résumé trop rapide, je le développe dans l'essai)

- Comme vous le savez, à Cahors, dans le cimetière derrière les remparts, les vieux morts doivent laisser la place aux jeunes...
La concession numéro 496 fut achetée à perpétuité par "Famille Lagarde."
Est-ce vos ancêtres qui disparaîtront bientôt de cette tombe ?
Pensez-vous qu'il soit correct d'ainsi exclure du cimetière des familles qui ont acheté des concessions en se fiant au sens de l'expression "à perpétuité" ?

- Avant chaque représentation politique, quel hymne soixante-huitard fredonnez-vous, madame Lagarde ?

- Vous vous sentez plus proche de Christine Lagarde, la directrice du FMI, ou Guy Lagarde, le maire de Montcuq ?

Qui suis-je pour ainsi me lancer dans cette aventure périlleuse et inédite ?
Lotois depuis 1996. Six romans, vingt pièces de théâtre, donc certaines pour enfants traduites en anglais, allemand, espagnol, des essais, des textes pour la chanson. Un écrivain pauvre, sous le seuil de pauvreté. Auquel M. Malvy ne reconnaît pas la qualité d'écrivain, au Centre Régional des Lettres qu'il dirige de fait, car en profession libérale auteur-éditeur.

Vous remerciant,

Amitiés,
Stéphane

Stéphane Ternoise
http://www.cahors.pro

Confirmation de lecture le 24 février à 22h32.

Gérard Miquel

Faute d'autre solution, une demande envoyée le 25 février à l'unique adresse mail officielle du Conseil Général.

Faute de réponse, même de confirmation de lecture, le lendemain j'envoyais à une adresse formée sur le même modèle que celle de Gérard Amigues et Geneviève Lagarde, en supprimant naturellement l'introduction destinée à un collaborateur.
Adresse valide.

A la personne qui réceptionnera ce mail :
Il est adressé au seul mail disponible sur Internet du président du Conseil Général, mais Monsieur Miquel, qui ne semble pas posséder de site ni compte twitter, y est interpellé au sujet de sa candidature à la mairie de Saint-Cirq-Lapopie et de ses ambitions sur le Grand-Cahors.
Merci de lui transférer ce mail,
Amitiés,
Stéphane Ternoise
http://www.cahors.pro

Monsieur le candidat à la mairie de Saint-Cirq-Lapopie,
Monsieur Gérard Miquel,

Comme annoncé sur http://www.cahors.pro, publiant dans quelques jours un livre (un peu plus de 200 pages) sur les élections municipales de Cahors, et plus généralement la politique dans le Lot, je souhaiterais réaliser votre interview, par mail...
Après avoir réalisé plusieurs interviews, il m'a semblé logique de vous contacter...

Je vous envoie donc quelques questions. Elles seront publiées avec ou sans réponses dans ce livre (si elles arrivaient après la publication, elles figureraient dans une "version 2" qui sera éditée si des personnalités sollicitées me répondaient après le bouclage... le livre est terminé, il ne manque plus que ces interviews)

- Si vous êtes élu maire de Saint-Cirq-Lapopie serez-vous candidat à la présidence du Grand-Cahors ?

- N'habitant pas Saint-Cirq-Lapopie, vous serez officiellement un « conseiller municipal forain. » Que vous inspire ce terme ?

- En mai 2002, j'ai publié "Saint-Cirq-Lapopie, le plus beau village de France ?", il est surprenant que vous, tombé amoureux de ce village, n'ayez jamais réagi à ce livre d'art. Naturellement, vous n'aimez pas son auteur, coupable d'essayer de vivre en une profession libérale auteur-éditeur. Dans le domaine du livre, vous menez une politique "culturelle" au service des installés, dont la conséquence est bien d'enrichir les grandes fortunes de France (Lagardère, Gallimard, dans notre région feu Fabre). Est-ce parce que ces gens-là vous assurent qu'aucune publication critique n'entrera dans les bibliothèques (voir votre application, maintes fois dénoncée, en vain, de la loi sur les marchés publics, avec la conséquence qu'aucun de mes livres n'est entré à la BDP depuis) ? (demandez à votre ami Gérard Amigues si la question vous semble absconse).

- Depuis ma publication, le dernier parking gratuit

de Saint-Cirq-Lapopie est passé en payant. Souhaitez-vous en faire un village de bobos friqués ?

- Depuis ma publication, le pigeonnier classé aux Monuments Historiques, dont j'avais déploré l'état, fut restauré d'une manière plutôt affreuse. Je publierai dans quelques semaines (si je le peux) un livre sur les pigeonniers lotois.

- Le Lot a totalement raté le virage de l'Internet, dans les années 2000. Ainsi, pensant se réveiller, des élus nous souhaiteraient utilisateurs...
après avoir freiné au maximum les innovateurs du net. Ainsi, dans nos campagnes, le nombre de maisons à vendre semble s'accroitre inexorablement.
Quelle solution voyez-vous pour éviter que nos villages, dont certains ont vu leur population réduite de 70% en un siècle, soient rayés de la carte, transformés en zones plus ou moins touristiques ?

- En 2008, après la victoire aux municipales cadurciennes de M. Jean-Marc Vayssouze-Faure, vous déclariez « les Cadurciens ont choisi le renouveau et des pratiques politiques différentes » ! Pourtant les « pratiques politiques » semblent toujours les mêmes...
Au sujet de Maurice Faure vous avez déclaré « C'est un maître en politique. » Comme vous le savez il reste le symbole du clientélisme lotois.
Ce fut un aveu ?

- Savez-vous que dans les campagnes les gens ne vous aiment pas ? A cause de l'eau par exemple, l'absence de protection des zones de captages durant tant d'années et la "centralisation" de sa gestion au profit de la Saur... Oui, des villages voudraient faire redémarrer leur petite station...

- Emmanuel Todd résuma : « La vérité de cette période n'est pas que l'État est impuissant, mais qu'il est au service de l'oligarchie. » Avez-vous la sensation de simplement, derrière des discours "socialistes", gérer une petite baronnie pour permettre à cette oligarchie de tenir ?

- En 2013 Jack-Alain Léger s'est suicidé. Et quelques jours plus tard Pierre Fabre est décédé. L'un fut honoré et le grand écrivain quasi ignoré. Est-ce pour vous une bonne morale de notre époque ?

Vous remerciant,

Amitiés,
Stéphane

Stéphane Ternoise
http://www.cahors.pro

Il y eut une réaction ! Le 27 février à 11 heures 21

Bonjour,

Nous avons bien reçu votre message.
Pourriez-vous nous donner un numéro de téléphone sur lequel le Président pourrait vous contacter à ce sujet?
Bien cordialement,

Valérie *
Département du Lot - Cabinet du Président
05.65.--.--.--
valerie.*@cg46.fr
www.lot.fr

* le nom de famille de cette personne ne m'a pas semblé devoir être noté, ne s'agissant pas du directeur de cabinet, bien qu'elle figure lors d'une recherche google dans un article de leur dépêche...

Je répondais à 11 heures 55 :

Bonjour Valérie,

Mes interviews, dans le cadre de ce livre, se réalisent uniquement par écrit, par échange de mails.

Si "le Président" doute de mon identité, ce qui pourrait se comprendre, il peut me joindre sur la page contact de http://www.cahors.pro : http://www.cahors.pro/contact.html où figurent les mentions légales. (vous pouvez m'envoyer un message via cette page certifiée que je vous retournerai avec cette adresse mail, et ainsi vous saurez qu'il s'agit bien de Stéphane Ternoise derrière son clavier et ----@alsatis.net !...) Ou sur celle du portail http://www.ecrivain.pro

Amitiés,
Stéphane Ternoise
http://www.cahors.pro

Confirmation de lecture à 11 heures 58.

Le matin, entre 9 et 10, j'avais sollicité de nouveau l'ensemble des contacts sans réponse :

Bonjour LE NOM,

Ayant réussi à obtenir plusieurs interviews écrites, je lancerai demain soir la version 1 du livre sur les municipales de Cahors. Qui sera, sous quelques heures, disponible en numérique sur les principales librairies du net, une centaine, dont les plus fréquentées Fnac, Amazon, Kobo, Itunes... et en papier dans quelques jours, en vente directe http://www.autodiffusion.fr, sur Amazon monde et les libraires affiliées.
Il sera également rapidement présenté par quelques médias intéressés par ce travail inédit sur une élection municipale.

L'interview par mails, vous n'y êtes peut-être pas habitué, je la pratique depuis une dizaine d'années, surtout avec des écrivains, elle permet d'obtenir des réponses précises, avec les mots exacts de l'interviewé, donc sans risque d'erreurs, d'interprétations erronées lors de la mise en forme. Elle permet également d'éviter les affects, donc d'aller droit à l'essentiel. Même à des questions qui peuvent sembler irrévérencieuses (si vous lisez ce livre, vous vous apercevrez qu'aucun candidat n'est ménagé... je ne roule pour personne !) Mais les réponses doivent être plus importantes que les questions...

Je me permets de vous relancer (ce message est envoyé à l'ensemble des candidats têtes de liste et "personnalités" dont l'avis me semble intéressant...

dont je n'ai pas encore reçu les réponses... je sais naturellement que vous êtes toutes et tous très sollicité-e-s... et mes questions demandent effectivement plus d'attention qu'une interview classique...)

Comme précédemment noté, si vos réponses arrivaient après la publication, elles figureraient dans une "version 2" qui sera éditée si des personnalités sollicitées me répondaient après le bouclage...

Vous remerciant,

Amitiés,
Stéphane

Stéphane Ternoise
http://www.cahors.pro

Jean-Marc Vayssouze-Faure

Message envoyé à l'adresse mail de la mairie

Monsieur Jean-Marc Vayssouze-Faure,
Monsieur le candidat à la mairie de Cahors,

Ma tentative de contact sur votre site de campagne ayant échouée,

(Merci à la personne qui ouvrira ce message de la transmettre à M. Jean-Marc Vayssouze-Faure)

Comme annoncé sur http://www.cahors.pro, publiant dans quelques jours un livre sur les élections municipales de Cahors (un peu plus de 200 pages), et plus généralement la politique dans le Lot, je souhaiterais réaliser votre interview, par mail... (comme celle des autres protagonistes de cette étape...)

Je vous envoie donc quelques questions. Elles seront publiées avec ou sans réponses dans ce livre (si elles arrivaient après la publication, elles figureraient dans une "version 2" qui sera éditée si des personnalités sollicitées me répondaient après le bouclage... le livre est terminé, il ne manque plus que ces interviews)

- Si vous êtes réélu maire de Cahors serez-vous candidat à la présidence du Grand-Cahors ou vous effacerez-vous devant M. Gérard Miquel maire de Saint-Cirq-Lapopie ?

- Cahors est parfois présentée comme une "ville de gauche sans FN"... Pourtant Marine Le Pen, au premier tour de l'élection présidentielle 2012, avait obtenu 1 443 voix, soit 13% des exprimés. Comment, selon vous, va se comporter cet électorat ?

- M. Frédéric Dhuême, qui tenta de monter une liste pour ces municipales cadurciennes, a essayé de vous rencontrer. Il m'a répondu « Jean-Marc Vayssouze-Faure, peu préoccupé à entendre ce que j'avais au plus profond de mes tripes. » Vous semblez uniquement accessible aux gens qui peuvent vous être utiles. Est-ce "une forme de malentendu" ou êtes-vous réellement ainsi ?

- Durant quatre années, il a existé un salon du livre à Cahors, organisé au profit des libraires. Après des états généraux de la Culture, vous avez semblé penser qu'un salon du livre ne soit pas important dans le Quercy...
Vous avez ainsi rejeté par l'absence de réponse une proposition de partenariat du "Salon du livre du net"... est-ce tout simplement qu'il n'y a pas de place à Cahors pour les écrivains ? (surtout s'ils sont indépendants)

- En 2004, M. Gérard Miquel présentait son directeur de Cabinet, "Jean-Marc Vayssouze". En 2008, Jean-Marc Vayssouze-Faure était candidat à la mairie de Cahors. Pourquoi cette évolution du nom ? Pensez-vous inscrire une "impression de continuité" dans l'inconscient collectif avec M. Maurice Faure ?

- Emmanuel Todd résuma : « La vérité de cette période n'est pas que l'État est impuissant, mais qu'il est au service de l'oligarchie. » Avez-vous la sensation de simplement, derrière des discours "socialistes", prendre une place dans cette oligarchie ?

- Lors de la publication de "Cahors, 42 inscriptions aux Monuments Historiques", j'ai naturellement communiqué en votre direction de maire. Vous avez montré un total désintérêt pour cette publication bien que personne avant ne s'était ainsi consacré à présenter de cette manière la ville que vous dirigez. Est-ce à cause de ma non appartenance au PS-PRG ? Ou de ma qualité de profession libérale auteur-éditeur donc non inféodé à l'industrie culturelle ?

- Quel maître-verrier a réalisé le portrait du vénérable désormais Saint Jean-Gabriel Perboyre pour l'église St Urcisse de Cahors ? Cette information pourtant intéressante pour de multiples raisons, madame Laure Courget, conservatrice en chef du patrimoine, directrice du service patrimoine de la ville de Cahors m'a confirmé qu'elle était inconnue début décembre 2013. Dans mon livre "Jean-Gabriel Perboyre, le Saint et Marty du 11 septembre", vous trouverez la réponse. Pourtant depuis sa publication, aucune réaction de la municipalité de Cahors. Mêmes questions qu'au précédent point.

- Le 12 avril 2012, à Figeac, vous sembliez très admiratif de monsieur Jérôme CAHUZAC, alors un très grand homme de gauche, lors de la réunion publique avec messieurs Malvy, Miquel, Launay. Dans vos attitudes (physiques) on peut retrouver certaines des siennes. Fut-il, avec messieurs Malvy et Miquel, un de vos modèles ?

Vous remerciant,

Amitiés,
Stéphane

Stéphane Ternoise
http://www.cahors.pro

Confirmation de lecture de la mairie de Cahors le 25 février à 11h45.

Reçu le 25 février 2014 à 11 heures 58 :

Bonjour

Nous avons bien transféré votre courriel au secrétariat de monsieur le Maire

Service communication

Les lieux

Où installer sa permanence de campagne ?

Les lieux ont-il un sens ?

Ce sont des lieux "naturellement" provisoires... frais de campagne... Sur lesquels des anciennes enseignes peuvent demeurer...

Jean-Marc Vayssouze-Faure s'est installé à côté des bureaux de la fédération socialiste, au 68 Boulevard Léon Gambetta... Au 68, un numéro cher à madame Lagarde... mais là où se situait Norgil, spécialiste du traitement de la calvitie... Domaine dans lequel la famille Cahuzac a fait fortune... Décidément, l'allure Cahuzac, les bureaux où s'exerçait des prestations chères à Jérôme Cahuzac...

D'ailleurs : www.cahuzac.com
Cahuzac patricia spécialiste de la greffe de cheveux vous propose ses solutions pour vos différentes formes de calvitie.

Il ne reste aucune trace à l'extérieur, au 68, de cette ancienne activité.

Alors que "Cahors à gauche" conserve l'enseigne : "jour de fête." Une note manuscrite signale "la librairie a déménagé au..."

Guy DEBUISSON, le 39 rue Joffre... en fait c'est l'entrée d'une courte impasse...

L'humain d'abord... A côté de la libraithèque "le droit à la paresse" où figure une affiche "qu'est-ce qui est plus moral, créer une banque ou l'attaquer' ?" de Bertolt Brecht.

En face une très belle fontaine mais "eau non potable."

J'aurais aimé questionner Isabelle Eymes... je suis passé par Facebook et le blog... aucune réponse aux messages, aucune adresse mail dénichée...

Roland Hureaux occupe un ancien PMU et la courte tête d'un cheval apparait, bien que l'enseigne fut masquée...

Sous la banderole Cahors 2014 Roland Hureaux : Paus' Café.

Tout ceci disparaîtra rapidement en avril ?...

L'humain d'abord...

Jean-Marc Vayssouze-Miquel est favori pourtant il ne peut compter sur aucun réel soutien : le passé démontre que ses alliés de cette élection, le PRG et "les verts", ont des raisons de le combattre.

Le parti de gauche ayant annoncé accepter de fusionner avec lui sa liste au deuxième tour, s'avère pourtant extrêmement critique à son égard !

Pourtant... il semble rester le favori, il est "de gauche", donc bénéficie de ralliements... la realpolitik, pas seulement lotoise...

Des petites phrases seront encore distillées...

Ainsi, quand le 26 février, leur dépêche informe que Cédrik Lascoux, Modem aux municipales de 2008, figurera en 35eme position symbolique, elle conclut l'article en donnant la parole à la « *vice-présidente de l'UDI du Lot* », Nicole Durand, avec un verbe fort, elle « *s'insurge* » : « *M. Hureaux, dit-elle, n'a pas le profil d'un rassembleur.* »

Je ne suis pas certain que l'ensemble des électrices et électeurs possèdent les grilles de lecture pour simplement en conclure que l'UDI de bric et de broc a rapidement implosée...

La suite de ces élections ne m'intéresse plus vraiment... Le tableau me semble suffisamment éloquent... C'était ainsi en 2014... Même s'ils n'ont pas répondu à mes questions, ma démarche les a interpellés... Ils se demandent quelles conséquences ce livre aura sur leur carrière ? Oh, le plus probable, aucune ! Pourtant, comme personne n'avait vu venir mai 68, comme personne n'avait vu venir la chute du mur de Berlin, il se passera un jour quelque chose dans nos démocraties confisquées par l'oligarchie... Leur pouvoir est limité, leur pouvoir repose sur si peu qu'ils s'y accrochent, pourtant ce pouvoir ils en usent et en abusent...

Combien le lectrices et lecteurs sortiront de ce livre regonflés à bloc ? Oui, même les situations les plus confortables, les rentes, peuvent s'effondrer du jour au lendemain... L'imagination au pouvoir, madame Lagarde ? Ou l'imagination pour remettre le pouvoir à sa place ? Vous êtes élus pour nous rendre service et non rendre service à vos proches, inféodés... Clientélisme contre justice...

- C'est un livre inutile, sans intérêt, concluront surement, laconiques, peut-être sans plus de mots, certains. Sans l'avoir lu en intégralité mais en recherchant les passages sur leur favori. Sur eux ?

Un "livre utile", dans le petit monde politique, est un livre qui ne soutient pas...

Je suis du côté des citoyens.

Hé oui, un écrivain, quand il mange dans les mains du pouvoir écrit pour le pouvoir... quand il est indépendant, il peut, parfois, s'exprimer, simplement, pour l'Histoire...

Formidable Gérard Miquel !

Oui, formidable, fantastique Gérard Miquel ! Naturellement, dans "d'autres circonstances", j'accepterai de parler avec « *le Président.* »

Le sujet est intéressant. Pourquoi ne pas écrire un livre sur « *le Président ?* »

Oui, fantastique Gérard Miquel pouvant asséner « *les Cadurciens ont choisi le renouveau et des pratiques politiques différentes* » pour justifier l'exclusion des radicaux de madame Orliac de la liste JMV 2008 puis soutenir cette même ophtalmologiste aux législatives 2012.

Et proclamer sans rougir (sinon le journaliste l'eut signalé ?) en septembre 2013 « *C'est un maître en politique. Un homme de parole. J'ai beaucoup appris à ses côtés. Je suis l'un de ses disciples et j'en suis fier.* » Au sujet de Maurice Faure le radical de référence, le synonyme lotois de « *clientélisme* », le « *César républicain.* »

Ainsi, en 2014, aux municipales et à la fête du Grand-Cahors, PS-PRG s'éclatent en « alliés historiques. »

Il me faudrait naturellement plus de sept ou huit dimanches (sans cigarette ni whisky malviniens) pour en faire le tour, de cet homme qui sera peut-être dans quelques semaines « *le Président* » du grand-Cahors... durant cinq ans et ensuite intronisera l'actuel président en héritier ?... qui l'aurait bien mérité. Que de patience dans l'ombre...

Le 27 février 2013...

Tiens, dans mes alertes google « *LaDépêche.fr* «*Nous avons réveillé Cahors*» *LaDépêche.fr*
Hier soir, à Cahors, premier meeting de la campagne des municipales, ... Chacun se demande encore s'il aura le loisir de le croiser à Cahors, avant le ... »
Naturellement, je m'empresse de le lire, cet article toujours gratuit... « *Article exclusif réservé aux abonnés Voir l'offre Digital - Votre crédit de bienvenue en cours : 03 articles.* » Ils utilisent donc un autre procédé que les cookies puisqu'ils ont retrouvé mon compteur, sûrement l'adresse mail par défaut d'outlook... pas important, si un jour je souhaite consulter un article prétendu payant... j'essayerai en changeant de navigateur... Bref...
Je comprends qu'après un tel plaidoyer dans leur dépêche, des réponses à mes questions semblent improbables... Pourtant, le message du Conseil Général, c'est de ce matin... Laurent Benayoun aux manettes... Mais oui, le meeting avec Martin ! C'était hier ! Je l'ai raté ! Dommage, Dominique était retenue à Paris... officiellement... non, pas DSK... Orliac... Remplacée par Bernard Choulet, son suppléant... Elle aurait pu enregistrer un grand hymne au rassemblement...
« *Affluence des grands soirs hier à Clément-Marot, autour de Jean-Marc Vayssouze.* »
Francesco Testa, EELV y aurait déclaré, et c'est sa grande phrase, à côté des autres : « *L'écologie n'est pas un luxe.* » Je n'y étais pas... mais Laurent Benayoun est journaliste depuis quelques années, il sait retenir les "bonnes phrases." Et Francesco Testa a trouvé un truculent « *L'écologie n'est pas un*

luxe. » Quel aphorisme à chantonner en traversant le Pont Hessel ou sur la place Nougaro ! En parlant de chantonner, Geneviève Lagarde, s'est mise en valeur : « *Roland Hureaux, c'est l'obstination des sots. Il se présente dans le Lot pour la 13e fois. Pauvre Roland ! Il est devenu pathétique au fil des ans.* » Je n'avais pas compté... la treizième fois... D'accord madame...

Au sujet des grandes phrases retenues par le vigilant Laurent Benayoun : « *Gérard Miquel, PS : «En six ans, Cahors a beaucoup changé».* » Hessel, Nougaro, Michel... c'est bien cela ? Mais il nous gratifiera encore de deux mots du mentor « *bilan éloquent* » puis d'une pique sur Roland Hureaux « *candidat pas très sérieux. Il n'a pas une équipe en capacité de gérer la ville.*» Ah si l'inénarrable Gérard Miquel se met à gloser sur les capacités... la falaise de St-Cirq doit trembler...

Alors et Martin Malvy, quelle exceptionnelle envolée à recopier sur twitter a-t-il balancée ? Vous l'attendez ? Vous l'avez lue mais oubliée ? Je l'attendais. « *Jean-Marc et son équipe ont réveillé Cahors. Aujourd'hui, dans la région, on regarde vers Cahors qui était un peu la belle endormie. J'ai apprécié pendant six ans l'action de Jean-Marc et sa détermination.*» Ça manque quand même de souffle, ça, monsieur Malvy ! Je sais, vous n'êtes pas Cyrano... mais quand même, vous avez la capacité de décréter qui est écrivain donc il vous faudrait une meilleure plume... dans la main...

Bref, un article dont la propagande des pays aux démocraties dites bananières pourrait s'inspirer. Je sais, leur dépêche est libre de choisir son candidat... Et ce fut sans doute un grand moment de joie pour ces gens-là... Ils me font sourire... comme quoi...

Mais au fait, la réalité ? Oui, le sentiment des cadurciennes et cadurciens après cette prestation ? Qui a regretté 2008 ?

Qui se soucie de tout cela ? Souvenez-vous du rapprochement de Jean-Michel Baylet entre Poutine et le PS lotois lors de « l'incident Orliac 2008 »… Quand le cumul des mandats empêche Poutine de rester au Kremlin il y place un fidèle et nos belles plumes s'indignent de cette démocratie confisquée avec naturellement des élections. Observons les mairies de Figeac et Cahors… Le « non cumul de certains mandats » n'apportera pas forcément plus de démocratie mais un renforcement des baronnies avec des fidèles à des postes majeurs mais le vrai pouvoir exercé "dans l'ombre" (issue d'autres lumières). Féminisation de la vie politique française ! Mesdames, vous souhaitez du pouvoir ? Soyez des femmes de paille… Madame Lagarde de Cahors, madame Paulo de Figeac ou une autre à la tête du Conseil Général ? Quelle grande avancée ! Femmes lotoises, révoltez-vous ! Hé oui Jack-Alain, on en est là, la démocratie des fidèles et des tartuffes…

Je sais mais je publie...

« *On pouvait travailler tant qu'on voulait, il n'y avait aucune possibilité de ne pas échouer.* »
Paul Auster, *Le voyage d'Anna Blume*, qui n'est pas un séjour en région Malvynomiquilienne !

« *Ce n'est pas parce que les choses sont difficiles que nous n'osons pas les faire, c'est parce que nous n'osons pas qu'elles sont difficiles* » me répond mon cher Sénèque... Parfois, il vient, me réconforter... je suis ainsi devenu son webmaster...
http://www.seneque.info

Et pour en sourire : « *J'aime l'idée qu'on peut faire de l'art sans moyens.* »
Aurélie Filippetti, décembre 2011.

D'Aurélie Filippetti on passe "naturellement" à Jack-Alain Léger, écrivant dix ans avant son suicide « *La règle du jeu ? Jongler avec son identité, se rendre insaisissable, danser à demi masqué : le droit au loup. Et double vie, triple vie, infinité de vies pour tromper la mort programmée par le pouvoir et l'économie de marché. Une résistance don quichottesque : enfoncer le coin de l'imaginaire dans une réalité saturée d'informations et d'images, unie, plane, et qui fait écran. La fiction pour seule arme contre la falsification universelle, le romanesque sus aux moulins à vent de l'industrie culturelle.* »

Quant à Didyme : grammairien ayant « composé » quatre mille volumes. « *Je le plaindrais même s'il n'avait fait que lire un pareil ramassis d'inutilités* » note Sénèque dans une lettre à Lucius (88)
Un livre de merde lui rend hommage.

Stéphane Ternoise

Stéphane Ternoise est né en 1968. Il publie depuis 1991. Il est depuis son premier livre éditeur indépendant.

Dès 2004, il a proposé des livres numériques, en PDF. Mais c'est en 2011 seulement que les ventes dématérialisées ont démarré. Son catalogue numérique (depuis mi 2011 distribué par Immateriel) a ainsi rapidement dépassé celui du papier, grâce à des essais, des livres de photos... tout en continuant la lente écriture dans les domaines du théâtre et du roman. Depuis octobre 2013, et son « identifiant fiscal aux États-Unis », son catalogue papier tend à rattraper celui en pixels.
http://www.livrepapier.com ou
http://www.livrepixels.com

Il convient donc, de nouveau, d'aborder l'auteur sous le biais de l'œuvre. Ainsi, pour vous y retrouver, http://www.ecrivain.pro essaye de fournir une vue globale. Et chaque domaine bénéficie de sites au nom approprié :
http://www.romancier.net
http://www.dramaturge.net
http://www.essayiste.net

http://www.lotois.fr

Vous pouvez légitimement vous demander pourquoi un auteur avec un tel catalogue ne bénéficie d'aucune visibilité dans les médias traditionnels. L'écriture est une chose, se faire des amis utiles une autre !

Catalogue (le plus souvent en papier et numérique, parfois uniquement les pixels, le travail de mise en page papier demandant plus de temps que d'heures disponibles)

Romans : (http://www.romancier.net)
Le Roman de la révolution numérique.
Ils ne sont pas intervenus (le livre des conséquences) également en version numérique sous le titre *Peut-être un roman autobiographique*
La Faute à Souchon ? également sous le titre *Le roman du show-biz et de la sagesse (Même les dolmens se brisent)*
Liberté, j'ignorais tant de Toi également sous le titre Libertés d'avant l'an 2000)
Viré, viré, viré, même viré du Rmi
Quand les familles sans toit sont entrées dans les maisons fermées

Théâtre : (http://www.theatre.wf)
Théâtre pour femmes
Théâtre peut-être complet
La baguette magique et les philosophes
Quatre ou cinq femmes attendent la star
Avant les élections présidentielles
Les secrets de maître Pierre, notaire de campagne
Deux sœurs et un contrôle fiscal
Ça magouille aux assurances
Pourquoi est-il venu ?
Amour, sud et chansons
Blaise Pascal serait webmaster
Aventures d'écrivains régionaux
Trois femmes et un amour
La fille aux 200 doudous et autres pièces de théâtre pour enfants
« Révélations » sur « les apparitions d'Astaffort » Brel / Cabrel (les secrets de la grotte Mariette)

Photos : (http://www.france.wf)
Montcuq, le village lotois
Cahors, des pierres et des hommes. Photos et commentaires
Limogne-en-Quercy Calvignac la route des dolmens et gariottes
Saint-Cirq-Lapopie, le plus beau village de France ?
Saillac village du Lot
Limogne-en-Quercy cinq monuments historiques cinq dolmens
Beauregard, Dolmens Gariottes Château de Marsa et autres merveilles lotoises
Villeneuve-sur-Lot, des monuments historiques, un salon du livre... -Photos, histoires et opinions
Henri Martin du musée Henri-Martin de Cahors - Avec visite de Labastide-du-Vert et Saint-Cirq-Lapopie sur les traces du peintre
L'église romane de Rouillac à Montcuq et sa voisine oubliée, à découvrir - Les fresques de Rouillac, Touffailles et Saint-Félix

Livres d'artiste (http://www.quercy.pro)
Quercy : l'harmonie du hasard
Lot, livre d'art
Jésus, du Quercy
Les pommes de décembre
La beauté des éoliennes

Essais : (http://www.essayiste.net)
Le manifeste de l'auto-édition - Manifeste politico-littéraire pour la reconnaissance des écrivains indépendants et une saine concurrence entre les différentes formes d'édition
Écrivains, réveillez-vous ? - La loi 2012-287 du 1er mars 2012 et autres somnifères
Le livre numérique, fils de l'auto-édition
Aurélie Filippetti, Antoine Gallimard et les subventions

contre l'auto-édition - *Les coulisses de l'édition française révélées aux lectrices, lecteurs et jeunes écrivains*
Réponses à monsieur Frédéric Beigbeder au sujet du Livre Numérique (Écrivains= moutons tondus ?)
Comment devenir écrivain ? Être écrivain ? (Écrire est-ce un vrai métier ? Une vocation ? Quelle formation ?...)
Amour - état du sentiment et perspectives
Le guide de l'auto-édition numérique en France (Publier et vendre des ebooks en autopublication)
Copie privée, droit de prêt en bibliothèque : vous payez, nous ne touchons pas un centime - Quand la France organise la marginalisation des écrivains indépendants

Chansons : (http://www.parolier.info)

Chansons trop éloignées des normes industrielles
Chansons vertes et autres textes engagés
Chansons d'avant l'an 2000
Parodies de chansons - De Renaud à Cabrel En passant par Cloclo et Jacques Brel

En chti : (http://www.chti.es)

Canchons et cafougnettes (Ternoise chti)
Elle tiote aux deux chints doudous (théâtre)

Politique : (http://www.commentaire.info)

Ce François Hollande qui peut encore gagner le 6 mai 2012 ne le mérite pas
Nicolas Sarkozy : sketchs et Parodies de chansons
Bernadette et Jacques Chirac vus du Lot - Chansons théâtre textes lotois
Affaire Ségolène Royal - Olivier Falorni Ce qu'il faut en retenir pour l'Histoire - Un écrivain engagé, un observateur indépendant
François Fillon, persuadé qu'il aurait battu François Hollande en 2012, qu'il le battra en 2017

Notre vie (http://www.morts.info)
La trahison des morts : les concessions à perpétuité discrètement récupérées - Cahors, à l'ombre des remparts médiévaux, les vieux morts doivent laisser la place aux jeunes...
Cahors : Adèle et Marie Borie contre Jean-Marc Vayssouze-Faure - Appel à une mobilisation locale et nationale pour sauver les soeurs Borie...

Jeux de société
http://www.lejeudespistescyclables.com
La France des pistes cyclables - Fabriquer un jeu de société pour enfants de 8 à 108 ans
Le bon chemin pour Saint-Jacques-de-Compostelle

Autres :
La disparition du père Noël et autres contes
J'écris aussi des sketchs
Vive les poules municipales... et les poulets municipaux - Réduire le volume des déchets alimentaires et manger des oeufs de qualité

Œuvres traduites :
La fille aux 200 doudous :
- *The Teddy (Bear) Whisperer* (Kate-Marie Glover) - Das Mädchen mit den 200 Schmusetieren (Jeanne Meurtin)
- Le lion l'autruche et le renard :
- How the fox got his cunning (Kate-Marie Glover)

- Mertilou prépare l'été :
- The Blackbird's Secret (Kate-Marie Glover)

- *La fille aux 200 doudous et autres pièces de théâtre pour enfants (les 6 pièces)*
- La niña de los 200 peluches y otras obras de teatro para niños (María del Carmen Pulido Cortijo)

Table

21 Photos

Mentions légales

Site officiel : http://www.ecrivain.pro

Présentation des livres essentiels : http://www.utopie.pro

Dépôt légal à la publication au format ebook du 1ᵉʳ mars 2014.

Imprimé par CreateSpace, An Amazon.com Company pour le compte de l'auteur-éditeur indépendant.
livrepapier.com

ISBN 978-2-36541-529-3
EAN 9782365415293
Cahors, municipales 2014 : un enjeu départemental majeur de Stéphane Ternoise
© Jean-Luc PETIT - BP 17 - 46800 Montcuq - France
1ᵉʳ mars 2014

www.ingramcontent.com/pod-product-compliance
Lightning Source LLC
Chambersburg PA
CBHW070739270326

41927CB00010B/2034